重构未来

如何塑造企业文化竞争力

田大安 著
钱 臻

浙江大学出版社
·杭州·

图书在版编目（CIP）数据

重构未来：如何塑造企业文化竞争力 / 田大安，钱臻著. -- 杭州：浙江大学出版社，2024.11. -- ISBN 978-7-308-25428-1

Ⅰ．F279.23

中国国家版本馆CIP数据核字第2024SK0950号

重构未来：如何塑造企业文化竞争力

田大安　钱　臻　著

责任编辑	顾　翔
责任校对	陈　欣
封面设计	VIOLET
出版发行	浙江大学出版社
	（杭州市天目山路148号　邮政编码310007）
	（网址：http://www.zjupress.com）
排　　版	杭州林智广告有限公司
印　　刷	杭州钱江彩色印务有限公司
开　　本	710mm×1000mm　1/16
印　　张	14.75
字　　数	204千
版 印 次	2024年11月第1版　2024年11月第1次印刷
书　　号	ISBN 978-7-308-25428-1
定　　价	69.00元

版权所有　侵权必究　　印装差错　负责调换

浙江大学出版社市场运营中心联系方式：0571-88925591；http://zjdxcbs.tmall.com

谨以本书献给放下先生。他以谦卑、敬业和好学的精神鼓舞着身边的每一个人。

并以此书向每一个孜孜以求的企业家致敬，正是他们带给我们对未来的向往。

前 言

从文化创新中寻求突围

当营销学从关注 4P[①] 过渡到关注 4C[②]，意味着经营者的关注点从生产者转变为消费者。但无论是 4P 还是 4C，着眼点均落在"我能做什么"和"我能带给你什么"两个方面。4P、4C 以及它们的组合策略始终都围绕着消费者"利益点"和"注意力"展开。商家极力追求技术创新和眼球经济，并将其提升到经营战略的高度。

毋庸置疑，技术创新所带来的产品差异化和"流量为王"所导致的眼球经济时代依然没有成为过去，但只要环顾世界上所有具有全球眼光的企业就会发现，这些被外界视为法宝的竞争锐器给它们带来的优势和竞争力都只是暂时的。虽然在某个阶段，这些策略可能对企业的生死存亡尤为关键，但从长期来看，它们都不是企业存续经营的根本，更不是致其伟大的根本。

富有使命感的企业家往往喜欢自问"我是谁"，而不会长久将自己局限于某些技能之中。他们会以更宏观且更深邃的目光看待自身和企业。所以，那些为"目光短浅者"所看重的竞争战略，对于伟大的企业而言，往往仅是战术。

[①] 4P 营销理论被归结为四个基本策略的组合，即产品（product）、价格（price）、推广（promotion）、渠道（place），由于这四个英文单词的首字母都是 P，所以它们被简称为"4P"。4P 加上策略（strategy），合称"4Ps"。
1960 年，美国密歇根州立大学的杰罗姆·麦卡锡教授在其《市场营销学基础：全球管理视角》一书中将营销要素概括为 4P。1967 年，菲利普·科特勒在其畅销书《营销管理：分析、计划、执行与控制》一书中进一步确认了以 4Ps 为核心的营销组合方法。
[②] 4C（customer、cost、convenience、communication）营销理论以消费者需求为导向，重新设定了市场营销组合的四个基本要素，瞄准消费者的需求和期望。1990 年，美国学者罗伯特·劳特朋教授在其《4P 退休 4C 登场》一文中提出了与传统营销的 4P 理论相对应的 4C 理论。

就像苹果公司的iPhone以触摸屏代替按键这种巨大的技术与功能创新，其所能带来的竞争优势十分短暂。一众品牌的跟随与模仿，让技术创新与功能升级一浪高过一浪，后来者可以带给消费者更好的功能体验。维系长期竞争优势的方法绝不是单一的技术创新或产品功能升级，而是要增强企业的体系之能，而这种体系之能根植于深厚的企业文化之中。

在竞品充盈的时代，产品的每一个卖点都会被竞争者快速模仿，而丰富的信息又容易使消费者注意力转移，那么企业间的竞争将面临着怎样的升级和深化呢？

如果说，从4P到4C是一次竞争视角的转移，那么从传统竞争到文化竞争则是一次重大的层次跃迁，是维度升级的竞争。

如今，世界级企业往往都与世界级顶尖人才合作。一家企业如何能保持在单一点上胜出并维系长久的竞争优势呢？当资源可以购置和组合时，单纯的创新能力已经变得不再那么重要，竞争者越来越需要的是体系的综合能力——文化力。因此，"你是谁"变得比"你能做什么"更为重要。文化的竞争，本质上就是人的竞争；而产品与技术仅是人的外化。文化比产品与技术更能全面且深刻地定义身份，回答"你是谁"的问题。同样，文化战略也应是企业最为重要的战略。这是竞争升级的大势所趋。

当然，那些具有全球眼光的企业，如谷歌、苹果、特斯拉、华为、阿里巴巴等，它们都将文化战略视为企业发展的根本战略。而对于大部分企业而言，文化的竞争力尚未得到足够的关注，甚至被认为是可有可无的东西。但是更高层次的竞争——文化竞争，其时代已经到来。

当一个网红主播的带货量超过了一家企业其他所有的销售渠道时，我们应该认识到个人身份的力量。网红主播是如何以抓住公众的"注意力份额"来实现价值转换的呢？这其实正说明，公众在丰富的产品选择中，越来越看重个人身份。由此，公众从信任产品和品牌转向信任具体的人。而企业又该如何定义自身呢？

无论是对自媒体的流量主播，还是对提供实体产品或者服务产品的企业，大众都更关注"你是谁"的问题，并以此显示自己的身份、原则与立场。他们信任主播和企业，所以无须在过度丰富的产品和信息中浪费自己有限的注意力和鉴别力。由此可以看出，文化认同变得比利益认同和能力认同更为重要。

人类学家断言，未来的国家之争更多落脚于企业之间。而企业未来的竞争，既是技术创新之争，又是宏大深远的文化之争，更是呈现企业意志、思想活力和整体生命力的竞争。

企业家必须以更广阔、更深刻的眼光看待自身和世界，以参与更广泛、更深入的竞争。

你是谁？

价值观念如何？为什么值得信赖？

有着怎样的愿景和使命？

如何组织资源和实施战略，实现自我的目标？

……

这需要每家企业认真而准确地回答。

文化竞争不仅适用于企业，也关乎个人。我们要像经营企业那样经营人生，也需要像经营人生那样经营企业。正如尼采所言：你需要以决斗者的姿态步入人生的舞台。而你既是自己的旗帜，也是自己的刀剑。

现在不是过去的延伸，而是未完成的未来。让我们告别对历史的沉湎，以颇具前瞻性的眼光审视现在吧！做一个有成长追求的人！做一个有文化识别性的企业！创造一个富有文化竞争力的品牌！本书旨在激发新兴知识经济时代企业家的梦想，让他们在面对过度竞争和不确定性时，能够立足于自由、共享的价值观念，坚守精进的事业主张，将科学精神与文化洞见相结合，扬帆起航，再创伟绩。

目录

CONTENTS

第一部分　为何说未来的企业竞争是文化的竞争

第一章　企业面临的共性问题和总体趋势 ... / 5
　　第一节　新技术带来的机遇与挑战 ... / 5
　　第二节　消费者与员工群体发生的变化 ... / 8
　　第三节　传统营销学催生红海 ... / 12
　　第四节　企业需要适应性变革 ... / 19

第二章　文化作用于企业的过程及实际影响 ... / 23
　　第一节　文化定义企业身份 ... / 24
　　第二节　价值观念造就企业 ... / 36
　　第三节　文化的效用：修补制度中潜在的欠缺 ... / 41

第三章　文化的内涵及存在方式 ... / 47
　　第一节　组织文化的基本内涵 ... / 49
　　　附：文化人类学者鲁思·本尼迪克特与《菊与刀》 ... / 51
　　第二节　组织文化的目的、类型及共性 ... / 58

第二部分　如何塑造文化竞争力

第四章　聚焦协同性，塑造高效团队　　/ 72
　　第一节　关于人际关系的假设　　/ 72
　　第二节　高效团队的形成与特征　　/ 74
　　第三节　团队的价值观、愿景和制度规范　　/ 78

第五章　倾心持续创新，塑造体系之能　　/ 84
　　第一节　创新原动力的产生　　/ 85
　　第二节　伴随产品创新的文化创新　　/ 87
　　第三节　推动创新性文化的形成　　/ 90
　　附：以价值观为核心的企业构成要素——麦肯锡7S模型　　/ 92
　　第四节　创建文化的"场化效应"　　/ 93

第六章　关注影响力，品牌营销中的文化战略　　/ 101
　　第一节　创新文化表述　　/ 102
　　第二节　品牌文化创新的理论与方法　　/ 109
　　附：文化创新五阶法的运用——耐克的文化密码　　/ 114

第三部分　组织文化中的关键角色

第七章　组织文化的领导者　　/ 123
　　第一节　领导者是企业文化的创建者　　/ 124
　　第二节　领导者承担的责任和具有的特征　　/ 126
　　第三节　文化创建中领导者应持有的信念与原则　　/ 129
　　附：文化考察与测量——丹尼森组织文化模型　　/ 135

第八章　组织文化的管理者　　　　　　　　　　　　／ 138

　　第一节　管理者的任务和应对的难题　　　　　　　／ 139

　　第二节　管理者的影响及职能要求　　　　　　　　／ 142

　　第三节　文化管理中的洞见与视角　　　　　　　　／ 150

第九章　组织文化中的普通成员　　　　　　　　　　　／ 157

　　第一节　关于"社会人"的假设　　　　　　　　　／ 157

　　第二节　员工的身份认同及群体关系　　　　　　　／ 159

　　第三节　个体与组织的冲突　　　　　　　　　　　／ 164

　　　附：罗尔斯的差异原则　　　　　　　　　　　　／ 167

　　第四节　以员工为中心，并由员工推动建立企业文化　／ 171

　　第五节　员工的自我修养　　　　　　　　　　　　／ 178

第四部分　企业文化的创新、重塑与迭代

第十章　破除企业管理中的文化迷思　　　　　　　　　／ 184

　　第一节　关于价值观方面的认知迷误　　　　　　　／ 185

　　第二节　文化管理中的悖论及相关问题　　　　　　／ 187

第十一章　文化重塑与迭代　　　　　　　　　　　　　／ 199

　　第一节　文化重塑中的问题　　　　　　　　　　　／ 200

　　第二节　重塑企业的灵魂　　　　　　　　　　　　／ 204

　　　附：重获工作场所的活力——大陆航空公司文化变革的启示　／ 213

致谢　　　　　　　　　　　　　　　　　　　　　　　／ 217

参考文献　　　　　　　　　　　　　　　　　　　　　／ 220

PART 1

第一部分

为何说未来的企业竞争是文化的竞争

人类对意义的需求，几乎与对食物和睡眠的需求一样至关重要，而这正是构建文化竞争力的基础。人们寻找生活和事物的意义，其重要性甚至超过对生活和事物本身。今天的消费已然不仅仅是人真实的消费，更多是意义系统的消费。消费中更吸引人的不是物品本身的功能，而是被制造出来的象征性意义。因此，有人说，商业的底色是人文；还有人说，强有力的文化是企业取得成功的新的"金科玉律"。

文化的竞争，本身与经济的竞争并行，但文化的竞争又是经济竞争的深化，是促进人类发展的力量。虽然在竞争中会有文化的此消彼长和矛盾冲突，但竞争也推动了文化的进步。历史已经告诉我们这一事实：凡是文化竞争自由且充分的社会，都焕发着繁荣与和谐之光。

在企业管理中，文化往往被视为与战略并行的元素，但文化本身也是战略，并且是至关重要的战略。它体现的是企业的体系之能，激发的是全面而关键的人才要素，可以被视为与战略并存的最基本、最重要的部分，文化的成功甚至是战略发挥作用的前提。

文化的竞争让企业过去围绕着消费者的价值竞争上升到一个更高的维度，所涉及的层面更加深广。共享的价值观以及为工作赋予的意义和目标，可以催生强大的凝聚力和推动力。企业文化可滋养整个企业，它可以焕发企业机体的活力，可以让企业中的每份平常的工作变得更好，可以激发每个人在工作中的创造力，激励员工成为问题的解决者和企业的决策者。

如今，许多高层管理者在制定经营规划时，会把文化放在与战略同等重要的位置。大多数企业背负的沉重的负担不是笨拙的运营模式，也不是失效的商业模式，而是僵硬的管理模式。管理模式的层级化、专门化、形式化和程式化损害了组织的适应性、创新性和员工的积极性。为了激发工作中的个人的创造力，企业必须投身全面管理变革，而这一切的答案都与企业文化有关。

卡尔·雅思贝尔斯说，哲学是一个动词而不是一个名词，哲学的本质不在于真理本身而在于寻找真理。参照雅思贝尔斯的这个说法，文化也是一个动词而不是一个名词，文化的本质不在于某种文化形态，而在于发展这种文化。我们需要突破对文化僵化的认知，从概念所编织的迷宫中走出来，打破一切理论的藩篱和枷锁，以介入的行动、多维且鲜活的视角进入文化议题，成为文化的在场者并积极参与。本书正是一本促使人们行动的书，而不仅仅是对相关理念的概括和经验总结，文化不只作为名词和动词，还作为形容词、副词等存在于企业的方方面面。

本书所关注的并不仅仅是文化本身，更侧重于文化的能动性，着力于文化的主体和关键要素——人。问题是消弭文化致幻性的良药。寻找到隐藏在文化之下的真问题，剔除那些虚浮的假问题，也正是塑造文化竞争力的关键。

文化是在人性和人的需求的基础上形成和发展的。要塑造强大的中国企业，我们首先要探究人类的共性，从人们共同的需求和期待出发；其次要知人所长，克己所短，从而让中国企业在全球竞争中日益强大。

在新发展格局下，随着改革议程的全面展开，文化战略是国家未来发展蓝图中最为光彩夺目的篇章。只有将文化视为升维竞争的战略，跨越现实中的挑战，才能不断拓展企业乃至国家的影响力。

第一章 企业面临的共性问题和总体趋势

如今企业面临的问题主要来源于两个方面：一是科技的突飞猛进带来的技术鸿沟和纷繁复杂的信息；二是消费者和员工本身的变化，人们的意识形态发生了前所未有的变化，过去盛行的管理思想和营销手段不再适应新的时代。这些问题也可以被简单归结为技术和文化两个层面。对此我们应该加以研究和辨识。

第一节 新技术带来的机遇与挑战

科技发展既带来了新的机遇，也为企业带来了诸多挑战。这主要表现在如下几个方面。

一、新技术的发展带来的技术挑战

时下盛行的网红经济是经济领域衍生的新兴经济形态。不同于传统静态推广的电商营销模式，网红经济以短视频、直播、达人探店、博主种草等方式多角度、动态性地展示产品，拓展沉浸式、体验式、互动式消费新场景等方式，给消费者带来全新的消费体验。网红们利用个人的人格、能力、形象与行为特质构建起独有的影响力，巧妙地运用音乐、剧本、历史故事、小作文等形式增强与消费者的互动，从而使消费者对网红具有高黏性。

新技术使企业经营管理降本增效，新技术也带来了新的圈层和全新的消费习惯。就像移动互联网取代 PC 互联网时，很多人并不曾预料它会带来如今如此之多的商业运用。移动互联网仅仅将随时、随地、随身的优势与互联网开放、共享、互动的优势结合起来，就启动了一轮商业运用热潮，并产生了颠覆和重塑市场的力量。现在 AI（人工智能）的算力每半年增长

10倍。无论你是否认同AI，它都在加速发展，普通人无法阻止。

技术吞没了一切，人类已经成为机器的资源——这似乎印证了哲学家马丁·海德格尔的警告。1953年，海德格尔在题为"关于技术的问题"的演讲中主张，我们的技术不仅仅是精巧设备的聚合，更揭示了我们的存在中某种根本性的东西。因此，我们不仅需要从技术的角度，还要从哲学的角度来思考它。如果我们只问我们的机器能做什么，或者管理它们的最好方式是什么，那我们就无法理解我们的生活。如果要正确地探究技术，就要考虑更深层次的问题，诸如我们如何工作，如何占据地球，以及与存在有着怎样的关联。

当然，海德格尔当时想的只是打字机、胶片电影放映机、老式汽车和联合收割机，没有预见到计算机技术将会在我们的生活中发挥怎样的作用——如今，互联网对于我们来说，就像空气一样不可或缺。互联网和AI比过去的机器更具侵入性，互联网以及各种技术创新，以其无限的连接性把整个世界都变成了可存储和可利用的东西，但同时，互联网亦使事物失去了私密性和深度。我们不禁反问：人类在自己的网络生活中想要成为什么样的存在？

"互联网+"和"AI+"带给我们诸多想象，但这些技术也成为许多企业经营者的困扰——技术变革如此迅速，令企业家们应接不暇。如今，云计算、大数据、AI、物联网等新技术的发展与运用不断地刷新我们的认知（以OpenAI最新呈现的AI文生视频大模型Sora为例，其功能令人惊叹，这将推动超级个体的出现），与之相对应的可能是更加复杂的专业分工。每个人都处在一个更加多元且复杂的市场环境中。传统行业的发展受限，新技术的发展让人眼花缭乱，我们应该对新技术时刻保持警觉；但伟大的变革往往发端于细微之间，因此我们也需要保持对科技进步的敏感度。

二、"信息差"赢利方式的消失

传统商业和企业盈利有相当一部分来自信息差。企业利用自身占有的信息优势掌握定价权,以某种"不义"的方式让消费者更多地付出,获得更少的回报。在这个由卖方主导的市场中,消费者处于弱势一方。当信息技术弱化了买卖双方的信息差时,天平就会向消费者倾斜。

同时,信息透明化又带动竞争者涌入,从而造就了更加复杂的竞争环境。随着卖方的增多,商品的价格逐渐向价值靠拢,不合理的溢价就逐渐消除了。像过去那样将糖水当作强体健身的功能饮料、靠欺诈性广告狂轰滥炸来牟利的时代将一去不复返,以此经营的企业将难以生存。

"无知"是信息不足的一种表现。当每个人都能享受到自由且真实的信息时,因无知而被"收割"的时代也就要结束了。

由于越来越多的消费者与商家共享着信息,因此,商家如果要赢得消费者的青睐,就必须为所售商品赋予额外的价值,即以自己的资源投入和服务提升,来为消费者提供更加综合的情感价值和体验价值,让消费者感到存在的溢价和价格差可以接受。就像胖东来对商品的进价和售价分别加以标注,而价格差则意味着胖东来通过自身服务以及特殊的环境使商品增值。

三、产品生命周期变短导致市场动态化

每一次重大的技术创新都意味着对传统商业模式的挑战,如电商对实体商店的冲击,新能源汽车对燃油车的冲击,机器人对人工岗位的替代,都表明技术的革命性力量无人能挡。我们所能做的就是快速地识别它并利用它。因此,产品创新、技术创新需要与文化创新结合起来,如此才能构筑更为强大、有效的"护城河"。

信息革命缩短了产品的生命周期,使跟风模仿成为常态。一项创新成果能够享受的赢利期极为短暂。原创产品的开发周期漫长、投入巨大,而跟风模仿者则可以在短期内以极少的投入完成。动态化的市场增加了企业创新决策的难度。因此,无论是在日用消费品领域还是在工业产品领域,竞争都越发激烈。

竞争的加剧使得企业需要有更加快速应对市场的能力，减少浪费在其他问题上的时间，需要鼓励快速处理信息并及时采取行动的行为，需要更多依靠脑力劳动并激发知识型部门的积极性。

第二节　消费者与员工群体发生的变化

市场不仅欢迎所有人来消费，也欢迎所有人来创造。市场给每一个人都提供了实现人生价值的机会。

过去我们总是在说消费者受到资本家的剥削。这在生产率低下、物资匮乏、卖方主导的市场中确实是一个不争的事实。但是，当资本家创造出一个物质丰富的世界之后，他们的地位就被弱化了。被商品包围的消费者在自己与资本家的"合作"中获得了选择的主动权，他们成为资本家倾力服务的对象。在商品选择自由的社会中，强迫性的剥削被资本的讨好献媚所取代。资本家若想获得利润，除了技术创新和产品创新，还要去获得消费者的芳心。

在物质丰富和商品繁盛的社会中，消费成了一场"人文解放运动"。扩大的消费需求正是基于消费者对自身的再发现。例如，如今的手机几乎成为每个人不可分割的一部分。而在被发明之前，人们并没有意识到自己需要它。人们在商家的带动下不断地发掘自己的需求，这显然是商家与消费者的一场"共谋"。

消费者本身既是生产力，也是富有最终力量的社会存在，像矿藏一样潜在地主导着资本投入的方向。消费者成为一切商业活动的价值指向，我们可以从一份外卖日益繁复的包装上看到商家对消费者无尽的"献媚"。

对于经营者而言，消费者成为一切，一切为了促进消费者的消费。虽然作为消费者的个人或许会显得孤单，但是消费者作为一个整体却主宰着这个世界。消费者的聚集带来了流量，流量可以创造"薄利时代"的丰厚利润；而无力将消费者聚集起来的企业，则希望从分化的消费者群体中形成一个圈层，获得一块领地。

员工，是企业在组织生产的过程中最为关键的要素。他们以何种精神面貌投入工作往往关系到产品的质量和客户的最终评价，也关系到企业的绩效和生存法则。因此，如何让员工与企业保持价值观和发展方向的一致性，显然是企业文化管理中最为重要的命题。

因此，就社会环境和文化层面而言，企业如今面对的是新兴的消费主体和员工群体。我们可以从消费者群体的变化和员工群体的变化两个方面来看。

一、消费者群体的变化

企业的价值建立在消费者需求上，企业的目标也是满足消费者需求。时代的变迁让新一代的消费者与过去的消费者有着诸多方面的不同。如今，人们普遍接受了更好的教育，也变得更加富有，更注重独立性和自我感受。新一代的消费者厌倦了自上而下的"爹味"的教诲和强制性的信息传播，过去那种诱导性十足的信息在年轻人眼中也变得令人反感。

在品牌宣传中需要有价值观的植入。这种价值观首先应该是真诚的，因为消费者能够识别文化中一切虚假的成分。并且这种价值观需要引起消费者的共鸣。

在众多选择之中，消费者并非传统意义上的"被薅羊毛者"。当然，每家企业和参与输送产品和提供服务的个人也不应当将自己定义为"薅羊毛者"。创造消费者价值并通过让渡价值而让自己富有价值，这正是创建适应新兴知识时代文化的基点。

消费者意识形态的变迁可以从流行的大众文化中窥见一二。从过去 30 年的流行歌曲和热播电视剧中，我们能够看出各个时代人们喜欢什么样的人物，推崇什么样的角色，而这些人物和角色也正是人们自我意识形态的投影。

20 世纪 90 年代的传唱度极高的很多歌曲，被新时代女性视为三观不正的作品。例如，针对《囚鸟》这首歌，今天的年轻女性会问：为什么男性"PUA"①女性，而女性还要说眼泪是她唯一的奢侈呢？显然，今天的女性不愿意做别人的笼中之鸟。又如，针对《容易受伤的女人》《为你我受冷风吹》，今天的年轻女性会问：为什么女性总是一副自怜自艾的形象？在琼瑶的《我要向你飞》中，为什么是男性处于中心位置，而女性处于弱势和附庸地位呢？在梅艳芳的《女人花》中，为什么女性的形象是孤芳自赏无人怜的呢？在辛晓琪的《领悟》和《味道》中，为什么女性是"相思病患者"和受害者的形象呢？此外，孟庭苇的《谁的眼泪在飞》、张惠妹的《听海》、高胜美的《千年等一回》等，亦被如今一些女性认为是三观不正的作品，其中的某些歌词不仅得不到她们的欣赏，相反会激起她们内心的愤怒。

在歌词里，AI可以根据用户听到的内容做出摘要。在听了很多歌曲以后，AI可以概括出这些歌词里面体现的是什么样的女性角色。从年轻女性所听到的歌曲的歌词中，ChatGPT围绕现代年轻女性给出了四个关键词，分别是理智、独立、自由和勇敢。

豆瓣围绕过去30年热播的电视剧中的女性角色，用AI去做摘要分析。不同年代热播电视剧中女主角形象如表1所示。

表1 不同年代热播电视剧中女主角形象

年代	描述女主角的关键词	典型的人物形象
1990—1999年	孝顺、热情、温婉和贤惠	《渴望》中的刘慧芳
2000—2009年	倔强、爱情至上和单纯	《情深深雨濛濛》《还珠格格》中的女主角依萍和如萍、小燕子和紫薇等
2010—2019年	独立、聪慧、坚强	《欢乐颂》中的樊胜美
2020年至今	自信、理性、干练、坚强	《去有风的地方》中的许红豆

现代女性对于财富充满渴望，她们不再憧憬儿孙满堂和他人关切，而是更看重个人的独立、自由和选择的权利，这些被她们视为自己的"最高利益"。让观念与自身的行动相融，也是她们诚实面对自我的一种表现。

①PUA（Pick-up Artist），本义为将那些不擅长与异性沟通的男性培训成"搭讪艺术家"。但在一系列社会事件后，PUA成了情感控制的代名词，即指通过语言、行为、环境等多种手段对受害者进行心理操纵，从而达到自己的目的。

针对年轻女性群体，如果企业在品牌营销中不能洞察她们意识形态的变化，还在为爱情至上、逆来顺受等女性形象"点赞"，企业那些以为能取悦她们的举动就可能适得其反。如今，年轻人"整顿职场""断亲""社恐""佛系"等行为，也都体现了意识形态的变迁。

二、员工群体的变化

信息化造就了个体意识的再次觉醒。个体意识的觉醒让年轻一代更青睐自由灵活的工作，厌倦单调重复性的工作，并且年轻一代更缺少对工作的依赖感，离职率更高。

随着AI的飞速发展，前沿技术触手可及，基础设施更加完善，未来会有越来越多的人凭借自己或者10人以内的小团队就能创造巨大的价值。创业和工作的方式更加多样，一些传统的工作岗位会消失，而一些新的岗位又会出现，如驯化数字人。每个人都可以做到"分身有术"，每个人都有一个虚拟的数字人与真身相对应。数字人甚至比真人更加了解自己，它也许比真人更善于处理信息，拥有更强的推理和概括能力，也可以按照真人的思维习惯在诸多方面取代真人工作。

在信息多元化时代，人们不再像以往那样崇尚权威。企业管理者更需要以事实和逻辑说话，而不是说一些具有煽动性的语言。年轻的员工群体更注重从自我感知出发，以悦己为上，而非听从于某些不容置疑的命令。人们明白了该为谁活，从取悦上司和甲方转向关心自己。释放、重建、悦己构成了国民情绪曲线的关键词。平等与尊重成为合作的前提，原子化、扁平化成为组织的新特征。老板是谁已经变得不再重要，分散在各个单元中的个人仅需要知晓自己做什么，而不会过多关注为谁做的问题。为了有效工作，文化上的协调性变得十分重要，文化成为人们工作中沟通的重要纽带。原先管理层的职位被社会影响机制所取代。

无论是生产主导消费，还是消费主导生产，每一个作为消费者和生产者的人都是经济生活中的"在场者"，他们的价值取向和感受力都十分重要。

消费作为生产的目标，最终成为经济增长的关键动力。在市场经济的等价交换中，消费者提供的不仅是自身的消费，他们也贡献了自己的生产力。

"人对食物的吸收量是有限的，人的消化功能是有限的，但食物的文化系统则是不确定的。相对来说，它还是一个无关紧要的系统。广告的窍门和战略性价值就在于此：通过他人来激起每一个人对物化社会的神话的欲望。它从不与单个人说话，而是在区分性的关系中瞄准他，好似要捕获其'深层的'动机。它的行为方式总是富有戏剧性，也就是说，它总是在阅读和解释过程中，在创建过程中，把亲近的人、团体以及整个等级社会召集到一起。"让·鲍德里亚在谈到消费生产力时说，"……消费社会宛如被围困的、富饶而又受威胁的耶路撒冷。其意识形态就产生于此。"

第三节　传统营销学催生红海

企业首先需要知道目标消费者忌讳什么、想要什么，这个大方向是不能错的。

传统营销围绕着消费者的利益点和注意力展开，以塑造差异性来帮助企业获得竞争优势，但易因竞争者跟风模仿而催生红海。

技术创新能够带给消费者独特的产品体验，从而提升品牌竞争力。创新只能由企业发起，消费者是市场创新努力的最终评判者，但是那些在企业眼中优秀的创新产品，其市场表现却是平庸的。

每一次技术创新成功的品牌都会享受一段短暂的美好时光。在这段时间里，它们能够证明自己能够提供比竞争对手更高的产品价值，从而引领市场。但好景不长，这些创新很快就被竞争对手模仿或超越了。于是，整个行业又回到了过去的竞争状态，每个品牌都极力宣传自己产品与其他产品相比微不足道的差异。

当然，除了少数革命性的技术创新，推动企业之间竞争深化的往往是微创新，因为单纯技术创新和产品创新并不足以帮助企业取得长期优势。

在技术创新和产品创新之外，文化创新同样重要，甚至更为重要。一些在品质、技术、包装设计等方面并无优势的产品，可能仅仅因为强有力地传递了新的文化观念，就产生了颇具颠覆性的力量。

一、传统营销学中的"陷阱"

道格拉斯·霍尔特与道格拉斯·卡梅隆合著的《文化战略：以创新的意识形态构建独特的文化品牌》一书将文化视为能够激发消费者同理心的一种表述。这种表述包含了一种意识形态，这种意识形态能够对消费者产生作用。因此，寻求有影响力的文化表述变得尤为关键。

在蓝海战略屡屡失败之后，他们详细分析了蓝海战略的致命缺陷——没有考虑历史与社会的变迁对消费者需求产生的重要且深刻的影响，忽略了创新不局限于具体的产品和服务，还可以在文化层面上全面展开。

传统的营销学总是告诉我们要寻找独特的销售主张，而营销就是在消费者头脑中建立品牌与消费者利益点之间的联系。但事实上，消费者对某个品牌的产品的青睐，往往不仅来自产品功能和感性上的利益点，因为功能利益和感性利益均容易催生"利益陷阱"。

1. 功能利益陷阱

如果产品确实具有某种新异的功能，使品牌具有超越竞争者的实质性和持久性优势，那么功能利益模式就是最有效的，但是取得实质性和持久性优势并不容易。

身处红海的企业都会尽力避免产品同质化，因此总会通过一些细微的差异点来向消费者宣传其重要性，这些差异点容易被竞争者模仿和超越，引发诸多企业围绕产品利益点混战，并最终落入功能利益陷阱。

2. 感性利益陷阱

感性利益就是消费者附加于产品或品牌上的价值、思想和情感元素。

追求功能利益，使得营销者基于产品的客观功能对消费者加以引导；而对感性利益的追求则漫无边际，因为各种感性因素都可以被利用。

"将消费者更高层次的价值抽离出来""更深刻地探究消费者的内在需求"……这些口号听上去很复杂精妙,但这些利益点都与社会语境有关。营销者会寻求消费者追求的"感性领地":幸福、欢乐、自信、自由、爱、自我实现等。

在营销实践中,这种营销方式就是推出一些模糊的抽象概念,概念中包含着一些对消费者来说微不足道的价值。虽然追求感性利益使企业避开了功能利益陷阱,但也在无意中进入了一个在战略上更无计可施的空间。

感性利益并不是稳定且长久的,深刻影响人的往往是意识形态。广告除了展示产品基本信息,也在引导意识形态。

正如埃里克·克拉克在《欲望制造家:揭开世界广告制作的奥秘》中所说:"广告既不是让人去理解,也不是让人去学习,而是让人去期望。"

"真正具有突破性的创新必须在发现由社会和历史变迁引起的意识形态机遇的基础上进行。在确切地把握了特定的意识形态机遇之后,需要在拥有这种意识形态的亚文化中寻找与之相应的文化密码[1],然后再以讲故事的方式,即以神话化的文化表述方式,将品牌的意识形态生动形象地表达出来,从而回应消费者对此的心理需求。"道格拉斯父子在《文化战略:以创新的意识形态构建独特的文化品牌》一书中如是说。

他们认为,创新性的文化表述并非穿凿附会地杜撰出来的,它必须来源于企业与社会的历史和现实,从历史和现实中寻找相应的素材,并加以改编与利用,这样能引导消费者因认同文化而产生共鸣,最终成为品牌的忠诚的追随者。

---

[1] 文化密码:人们凭借所生长的文化环境,在无意识里赋予任何特定事物以意义,这些事物可以是汽车、食物、人际关系,甚至是国家。对不同文化背景的人而言,他们对同一事物和概念的理解并不相同。例如,"吉普"会唤起美国人对空旷边疆的文化记忆;而对德法两国人而言,则是与战争相关的文化记忆。这些烙印是在无意识中被留下的。早期的烙印在很大程度上影响了人们做事的动机。不同的密码解释不同的烙印,它们在一起就形成了一种参考体系。如果能找到这些烙印的源头,"解码"文化中的元素,发现与之有关联的情感和意义,就能深入了解人类的行为和它们之间的区别。(参照美国人类学家克洛泰尔·拉帕耶在《文化密码:最实用、最有趣的全球文化解读》一书中关于"文化密码"的阐释。)

但无论产品是有形的物品还是无形的服务，都很少有人明白消费者是通过文化表述来理解、体验和评价产品的，因此也很少有企业有意识地管理自身产品的文化表述。

老牌商家喜欢用过时的、俗套的文化外衣包装商品，这就给那些参与文化战略创新的企业家留下了巨大的商机。某些市场，从功能创新和技术创新的角度看是一片红海，而从文化战略的视角看却是充满生机的蓝海。因为许多企业喜欢把目光投注于产品层面的竞争，而忽视了商业的文化层面。

就像埃里克·巴诺[①]在 *Conglomerates and the Media* 一书中所写的那样："商业已成为世界唯一的内容。市场学就是政治学，办公室就是社会，在品牌与人类身份之间基本可以画等号。"

二、品牌本质

美拉尼西亚的土著人曾经被白人的飞机所吸引，但是飞机从来没有在他们那儿降落过。于是，他们也仿照机场的某些设置，在一块空地上布置了相似物。他们用树枝和藤条建造了一架架模拟飞机，试图将天空中的"飞鸟"引诱过来。他们耐心地等待着真飞机在他们设置的地面上着陆。

身处文明世界的我们，在面对每一个新奇的创新产品时，都曾产生过类似美拉尼西亚土著人对待飞机的那种好奇心。我们也曾将电视和手机当成神奇的、不可想象的物品，而如今这些物品改变了我们的生活并深刻地塑造了我们。

商品不仅给我们提供某种满足感，还成为赋予我们新思想和新生活方式的媒介。在一般消费品领域，我们被诸多混乱庞杂的符号所困扰，认为某些低俗的商品正在"糟蹋"文化，而事实上，文化早已成为商品的一部

[①] 埃里克·巴诺（1908—2001）是媒体艺术领域的传奇人物和奠基人，哥伦比亚大学历史学家，大众媒体专家教授。他的著作包括《国际传播百科全书》《丰富的管道：美国电视的发展历程》《魔术师与电影》《纪录片》《赞助商：一个现代强权者的笔记》《广播史》。其回忆录《媒体马拉松》于1996年由杜克大学出版社出版。

分。如今的商品，诸如杂货、电器、餐饮等无不被赋予文化色彩，文化已经成为商品中可赏玩和品味的一部分。

皮埃尔·布尔迪厄认为，人的"任何趣味都不是自然的、纯粹的，都是习性、资本和场域相互作用的产物"，而"趣味是一种对人的区分"。

这也正像法国作家、符号学大师罗兰·巴特所说的那样：在一个又一个流行的神话里，我们将不同的内涵赋予了服装，让服装成为象征某种意义的符号。我们穿什么，其实表达了我们想成为什么样的人。

因此，营销专家说，消费者购买的不只是一件商品，还是一个故事，买的是一种精神寄托和身份象征。好的产品是基础，好的营销是放大器，而最厉害的营销人正是那些最会讲故事的人，也就是能够将文化赋予商品的人。当然，文化营销并不是在玩弄语言游戏，而是在产品的运用情境中展开想象的翅膀，见常人所未见。

品牌如果仅被视为产品功能利益和消费者感性利益的象征，而不是社会、文化和政治现象，就意味着社会历史变迁带来的创新机遇被忽视了。

品牌不仅代表了产品或服务本身，还反映了企业的文化。企业的文化和品牌之间相互作用和影响：品牌可以塑造和传达企业的文化，而企业的文化也会影响品牌的形象和定位。消费者对品牌的喜好和忠诚度往往不仅基于产品或服务本身，还基于品牌所代表的情感价值和精神价值。品牌可以激发消费者的情感共鸣，从而促进品牌忠诚度的提升和口碑的传播。

英明的品牌主不会去迎合目标消费者狭隘的需求，而是去掌控小的利基市场并开发创新产品。他们寻求激进的文化创新，而不是将目光局限于产品创新。而聪明的营销者要做消费的助力者，而不仅是产品的推销员。

事实上，消费者内心的需求往往比其明确表现出来的需求更为广泛。比如，你打算去商场买一个床垫，提前有一个模糊的预算，瞬间想到某个品牌。如果推销员向你推荐一个更贵、更高档的床垫，并且不断强调这个床垫的各种好处，你的内心一定是排斥的。真正成功的推销员会了解消费者需求，然后根据你的身体状况、睡眠习惯、购买力等实际情况，再去寻找与之相匹配的床垫。这样你大概会高兴地接受他的建议，最后购买一款超过原先预算的产品。

道理就是如此浅显直白，文化创新也基于对消费者群体的洞察，而文化洞察所指的不仅在于消费者年龄、受教育程度、经济水平、消费习惯等层面，还需要跃迁到价值观和思想精神层面。所以说，文化竞争是一种有深度和广度的竞争。

人们总是有逻辑性地从一个商品走向另一个商品：你会因为购买一个商品而不得不再购买另一个商品。比如你买了新的床垫之后，马上会发现需要购买一套与之相配的床上用品。事实上，今天已经很少有孤立的消费，你购买的一个商品或一项服务，总是关联着其他的商品与服务。

让·鲍德里亚说："消费是用某种编码及某种与此编码相适应的竞争性合作的无意识纪律来驯化他们；这不是通过取消便利，而是让他们进入游戏规则。这样消费才能只身取代一切意识形态，并同时只身担负起整个社会的一体化，就像原始社会的等级或宗教礼仪所做到的那样。"

无强制是最大的强制，无压迫是最大的压迫。文化之于品牌，可以实现"温柔的掠夺"。如今，商家尽力讨好自己的顾客，每个商品或每项服务也都力图展现人性化的细节：化妆品强调对人类肌肤的亲和性，服装遵从人体曲线，座椅强调人体力学……正如鲍德里亚所说的那样："消费社会不仅仅意味着财富和服务的丰富，更重要的是，还意味着一切都是服务，被用来消费的东西不是作为单纯的产品，而是作为个性服务、作为额外赠品被提供的。我们每个人都被商家提供的美妙而热心的服务包围着，被奉献和善意的组合包围着……正是这种额外赠品和个性的热情服务为产品赋予了完整的意义，使消费者不仅得到满足，还沐浴在备受关切的阳光中。"

三、寻找开创蓝海的文化表述

尤瓦尔·赫拉利在其《人类简史：从动物到上帝》一书中提出了一个具有革命性的观点：智人之所以得以统治地球，是因为智人是唯一可以大规模且灵活地进行合作的物种。智人之所以能够大规模地进行灵活的合作，是因为智人拥有讲故事的能力。

讲故事的能力，是将人类与其他动物区别开来的关键。讲故事会帮助人类形成一个庞大的组织。究其本质，整个人类社会其实都是建立在叙事的基础上的，故事为人们制定目标和塑造信仰。

通过故事，人们才相信自己是某个国家的公民；相信用印有某种图案的货币可以换来各种自己所需要的东西；认为理发时，理发师只会修剪我们的头发，而不会割破我们的喉咙；我们在陌生人开的饭馆吃饭，不会担心被下毒……

人类现存的一切，包括文化、国家、货币、经济、法律都是构建在人类的想象力之上的。故事依靠想象力产生，承载着人们的记忆、认知、想法、价值观和各种意识形态，是一种很好的文化输出工具。有人会讲故事，有人相信故事，使得虚构的内容成为现实，成为更高级的存在。

商业世界的成功者最终贩卖的也是故事。每个全球知名企业都有各种各样的故事在流传。如何讲故事，正是呈现文化竞争力的一个关键。

对于创业者而言，他们常常需要与已经占据一定市场份额并具有影响力的品牌进行竞争，这些品牌能够控制市场，并拥有相对雄厚的资源实力。而创业者如果从产品功能和消费者利益方面去直接挑战这类品牌，注定会被"大鱼"吞没。而如果从文化创新的角度出发，则会发现成熟的产品市场依然存在大量机会，因为占据市场的相似品牌通常存在着文化上的弱点。创业者可以通过挑战这些品牌固化的意识形态中的某些观念，让自己脱颖而出。

当年农夫山泉应对那场"水战"的方式就是很好的证明。这个案例在中国的影响力，可以媲美海尔当年的"砸冰箱"案例。这是中国企业界耳熟能详的案例，但过去的营销专家们对此案例加以解读时，利用的分析工具依然是传统营销学中的观念和方法，鲜有切中肯綮者。

"我们不生产水，我们只是大自然的搬运工。"是农夫山泉对自身进行的一次定位。这超越了传统营销学中的 4P 和 4C 理论，是一场文化创新之战。这种定位并非基于 4P 和 4C 中单一或者组合的利益点，而是对企业和品牌身份的定位。

当竞争对手都在围绕"纯净""健康"展开营销时，农夫山泉创新性地将"天然""环保"的观念植入品牌的意识形态之中，并非着眼于消费者价值，而是使大众与农夫山泉的价值观产生共鸣。

在法国经济学家弗朗索瓦·佩鲁看来，所有的商品"都是一些关系进程、制度进程、转移进程、文化进程的纽结，而不只是工业进程的纽结。在一个有组织的社会中，人们不能单纯地交换商品，他们同时还交换了一些象征、含义、服务及信息。每一件商品都应该被看成可评判的服务的核心，而这赋予商品社会性"。

第四节　企业需要适应性变革

为了应对这些问题，企业在内部管理和外部整合两个方面呈现出一些必然趋势。

提升效益与效率的关键是什么？答案是放权并积极投身于时代的发展潮流当中。

人们在小团队中工作其实是最有效率且反应最为迅速的。因为一旦工作单位中成员数量增加，信息交流的复杂性也会增加，而扁平化、原子化的组织适应了竞争加剧的市场环境。组织形式的变革，意味着竞争意识、观念的变革，随之而来的是适应性的文化变革。对于外部，企业应该关注消费者的期待与需求。

一、扁平化、原子化组织与分权化管理

企业经营的关键在于赢利性战略（业务模式）和文化战略（组织模式与价值感召——在物质激励不足的条件下，如何让员工保有自发的热情）。

倡导"团队自治"和"员工自治",会让管理者感觉很轻松。

从经营环境的迅速变化,到新一代知识型消费者的成长,以及科学技术的突飞猛进,这一切都使曾经占统治地位的体系庞大、层级式管理的企业组织土崩瓦解,一些组织不得不高度分权化。扁平化的组织模式显得更为高效。

人们可以在简单的环境中完成复杂的任务。人们因为具体的任务而形成跨距离的连接,不再为晋升和人际交往而处心积虑、耗费大量的时间和精力。

企业的一切工作都将在小型、自主的工作单元中完成。员工分布在以任务为核心的小型工作单元中,人们通过通信工具建立更加广泛的联络,每个人都成为网络中的一个节点,具有"原子"的特征。他们的报酬直接与业绩挂钩,他们通过共享的文化纽带联合成为实力雄厚的公司。

一些互联网平台公司便是如此,它们不再承担内容的创作,仅仅制定平台规则,并对内容加以选择,对创作加以引导。内容生产者以工作室或者个人居家办公的方式进行创作,通过互联网平台发布,而创作者的报酬会与平台的收益直接挂钩。

规模从来不是管理的难题,规模是过于注重等级的管理者的难题,分权是避免陷入规模陷阱的关键。

例如,字节跳动之所以能够在团队扩展到10万人时,依然避免团队陷入效率低、协作难、中层弱、人才缺的规模陷阱,关键在于其采取国外大公司常见的扁平化组织模式。

在"共享高增长"和"高薪"的感召下,字节跳动对事管理的"目标管理法"十分有效。但这种管理方法的有效性依靠两个极为现实的前提条件:及时的高回报和确定性的高增长。从文化视角来看,字节跳动最为突出的特色是"对事管理",而"寻找合适的人""用好人"是高效做事的方法。字节跳动上下共同认可并遵守的行为准则是:追求极致、务实敢为、开放谦逊、坦诚清晰、始终创业、多元兼容。

二、流行符号和文化创建

知识引领行动，科技塑造社会。随着农业社会和工业社会的远去，以互联网为标志的知识经济时代已经来临。任何实体产品都可以被转化成影像在网上传播，这些被无限复制的类像[①]，已成为可以被表示为 0 和 1 两个数字的符码。

如今，商家通过互联网来展示和传播产品，而包括产品在内的所有展示，都可以被视为商家提供给大众的形象文化。法国哲学家让·鲍德里亚明确地指出："要成为消费的对象，物品必须成为符号。"同时鲍德里亚也曾指出消费异化的问题，他警告说："消费已成为我们这个世界的伦理。它正毁坏人类存在之根基，毁坏自古希腊以来欧洲思想一直在神话根源和逻各斯世界之间的平衡。"而"文化工业"在生产消费品的同时，也在"生产"着消费者。

类像创造出的正是一种人造现实或第二自然，大众沉溺其中看到的不是现实本身，而只是脱离现实的类像世界。这种形象虽然能"反映基本现实"，但也会"掩饰和歪曲基本现实"，进而又会"掩盖基本现实的缺陷"，最后进入"纯粹是自身的类像"领域，不再与任何真实发生关联。

当代都市大众就生活在这样的世界里。在大众日常生活的衣、食、住、行、用当中，形象文化无孔不入。化妆品和红酒、服装和母婴用品、家具和汽车、电脑和手机、医疗和金融、网页和街牌等，无不充满了商业形象。这种形象是被大规模生产出来的，是毫无现实感的泛滥的形象。

在信息大爆炸时代，每年都有大量的新词汇被创造出来，这些词汇丰富了人们对世界的认知。一个人的词汇量的多寡，在很大程度上决定了其世界观的深度。无数的新词汇也打破了我们原有的宁静，使我们只有不停地拓展自己的认知，才能与这个世界相适应。

[①] 类像，又译为拟像、仿像等，是法国当代著名思想家让·鲍德里亚用以分析后现代社会、生活和文化的一个术语。简单来说，类像是指后现代社会大量复制、极度真实而没有客观本源、没有任何所指的图像、形象或符号。这一术语颠覆并重新定义了人们传统的"真实"观念，深刻把握了当代文化精确复制、逼真模拟客观真实并进行大批量的生产的高技术特征，鲍德里亚由此深入剖析了后现代社会的文化逻辑。

即使是复杂的现象也可以源自简单的规则。而文化作为更系统的"符号系统",拥有"超越符号"的现实感,文化在市场竞争中的重要性有目共睹。企业如果想在全球范围的竞争中取得成功,则需要为世界人民提供可分享的文化符号和可共享的价值观,在文化建设方面有所作为。

《基业长青:企业永续经营的准则》这本书提到过一个概念,企业能够基业长青的必备要素之一就是 cult-like culture,即宗教式文化。一个有宗教式文化的组织有很强的排异性和凝聚力。如果你认同他们的文化,就会特别想要加入并觉得有归属感。相反,如果你不认同,那么你在这里面一天都待不下去。

加拿大的瑜伽服装品牌 Lululemon 从来不打广告,也很少签约明星代言,却有着非常忠实的粉丝群。他们通过和瑜伽教练、健身教练这些专业领域的人士合作,通过这些人的口碑推荐,向那些独立自主、有消费能力的年轻女性精准渗透。在外人看来,他们像在进行宗教式营销,但这并不是每个想做宗教式营销的品牌都能做到的。

随着人们对脑科学日益深入的理解以及 AI 无限接近对人的模拟,科学正在"把人消解掉"。如今,个人受监视和管控的程度已经非比寻常,如私人的数据被拿去牟利,商家给人们提供各类消费产品等。而如果人们仅受制于神经元和荷尔蒙,那么我们又能相信什么?在此情境下,我们需要追问:人是什么?企业能够提供什么?以及如何让营销变得更加有效?进而,我们需要问:企业文化应该是怎样的?而我们所能给出的答案便是:让经营变成文化,让文化回归经营。

第二章　文化作用于企业的过程及实际影响

全世界企业发展大概分为两类：一类被技术变革不断推动；一类被文化和审美推动。而诸如微软、苹果、华为之类企业的成功，既得益于技术，也得益于文化。这两者既相互依存，也时常独显锋芒。比如在现代纺织业日臻成熟以后，服装企业的发展更多依靠文化和审美的推动，美妆、咖啡和其他软饮料也是如此，更不要说影视、图书、广告等本身就以创意和精神为内容输出的产业。将文化变为产品的现象，几乎普遍存在却往往被我们视而不见。文化所带来的盈利能力能维持更久，这是一个不争的事实。

成功的企业有一个共同的特征，那就是它们都拥有一定的文化力。没有文化力的企业，就像一支没有凝聚力的军队，无论规模多么庞大，指挥如何得当，都难以发挥真正的战斗力。

企业的核心不在于豪华的建筑、庞大的生产规模，甚至也不在于财务利润、战略部署和长期规划。企业是人的机构。无论是高层管理者、普通员工还是客户，他们首先都是人，而企业的经营与管理主要也是针对人的经营与管理。因此，企业的经营管理其实建立在对人性的认知上。

文化是一个群体的共同属性，只要一个群体具备足够多的共同经验，文化就会开始形成。当企业文化成为每个员工的"DNA"之后，其对员工的思维方式、价值判断和行为模式的影响将是深入且持久的。许多人在离开原有的企业之后，依然会带有那家企业的文化特质。

企业文化之所以重要，是因为其能够以无意识的方式潜移默化地影响并决定组织中个体和群体的知觉方式、思维模式和价值观念乃至行为，进一步影响并决定企业的发展战略、目标和经营模式。如果想要优化企业的运行效率，就必须理解企业文化在组织中所扮演的角色。

中国人讲求天时地利人和，其中"天时""地利"都是被动性的选择，而唯有"人和"是可以主动去求得的。"人和"正存在于"可为的文化之中"。

企业领导者和管理者看待利益攸关者的方式对企业文化的影响极为重大。除了员工、股东和客户，企业的利益攸关者主要还包括竞争者、供应商、社会和政府。

所有的企业都是由人组成的企业，而与利益相比，文化更能够长期滋养人。名列前茅的企业总是有着充满活力的企业文化，富有感召力的文化又总能为企业持久且深远的目标做出贡献。

《企业文化：企业生活中的礼仪与仪式》的作者特伦斯·迪尔说，企业文化是企业的核心竞争力所在，也是企业日常生活和运作的基石。企业只有拥有了文化，才能有持续发展的动力和活力。

战略大师加利·哈默将企业经营分为三个层次：一是"人手"的经营；二是"人脑"的经营；三是"人心"的经营。企业文化就是围绕"人心"的经营。这种"人心"并非仅仅指企业家一个人，而是整个企业需要"万众一心"，使企业文化成为每个员工的"DNA"。

第一节　文化定义企业身份

正如《意识形态原理》一书所说："文化关乎意识形态，而意识形态正是指观念的集合，也可以理解为对事物的理解、认知，它是一种对事物的感观思想，是观念、观点、概念、思想、价值观等要素的总和。"

"你是谁"不只由你的技能决定，也由你的历史、视野和禀赋决定，更由你的意志、价值观和使命决定。文化是一个更具指向性和辨识性的标签，它含义宏阔，且具有一定的清晰度。

当企业不断向顾客传达"我能做什么"和"做得如何"的时候，文化则向公众传达着"我是谁"。文化关乎"人生三问"：我是谁？我从哪里来？我往何处去？组织是个人的集合，个人的问题也将成为组织的问题。企业文化也正是对这三个问题的回答。"我是谁"由我的价值观（意识形态）决定，"我从哪里来"取决于我的历史和生存的环境（历史洞察和环境洞察），"我往何处去"表达为企业的愿景与目标、方法与路径。

在过去，文化的词义宏大，以致很多人在谈论企业文化时，误以为文化只为大企业所关注，而小企业"仅以文化遮面"，将文化视为孔乙己的长衫——仅用来装点自己。

事实上，我们对孔乙己的长衫的理解并不能仅仅局限于外形之上。长衫也正是孔乙己认知水平和性格特征的外化。它并非孔乙己随便抓来披在自己身上的，而是其自主选择的结果。由此可见，正是长衫让孔乙己成为孔乙己，将他与其他穿短袄的芸芸众生区分开来。长衫让孔乙己成为鲁镇最具识别性的人物，长衫让人们在脑海中围绕孔乙己形成了一个落魄书生的形象，否则孔乙己将因缺乏鲜明性而难以进入我们的记忆。

所以说，在身份的定义上，孔乙己是成功的，因为他占据了极为稀缺的"注意力份额"。但孔乙己并非仅仅是以长衫罩身的人物，他的长衫呼应他的内在气质。即使在外人看来极为可笑，他也绝不是像阿Q那样的喜剧人物，他是一个悲剧人物——万恶的社会没有为其提供施展才华的机会，他无法将自身作为产品输送给有需要的人。如果说，鲁迅通过阿Q批判了个人，那么通过孔乙己，鲁迅先生批判的就是那个"人吃人"的社会。

企业文化原本不只是如何对外表达的问题，埃德加·沙因在《企业文化生存指南》一书中将企业文化划分为三个层次，即人工饰物、价值观念、深层假设。

提到企业文化，人们很容易想到的就是"我们企业中的做事方式""我们公司的礼仪或仪式""公司内部的工作氛围""奖酬体系""我们秉持的基本价值观"等内容。这些都是企业文化的人工饰物，但是就企业文化的实质来看，这些都称不上真正的企业文化。理解企业文化内涵的一种更好的方式就是，我们要意识到企业文化存在于不同的层次上，并且我们还必须更好地理解和管理那些较深层次的文化内容。企业文化的层次逐渐由外在可视水平向内隐不可视水平过渡。

文化之所以不"虚",是因为具有象征性和实质性的载体,文化通过这些象征物和载体体现出来。比如,中国传统文化之所以强大,不只因为我们拥有卷帙浩繁的文史经典,有诸子百家这些象征性的人物,还有着体现自身器物文明的丝绸、瓷器和茶叶等物品。

从更为深远的意义而言,一切经人加工、为人所用的物品均有文化的特性,它们都代表着人类的价值取向和审美情绪,代表着一个地方的风土人情、技术水准和生活习惯。埃德加·沙因认为,文化不仅存在于我们个体身上,它还是一股推动我们在企业内、外的大多数行为的隐藏力量。作为特定国家、职业群体、企业、社区、家庭及其他社会群体中的成员,这些特定群体的文化深深地影响着我们,成为我们的一部分。身处于每一种新的社会环境,不管自己是否意识到,我们其实都扮演着"领导者"的角色,不仅作为现有文化的一部分存在,强化着现有的文化,往往还会创造新的文化元素。正是这种以文化创造、再现和强化为特点的相互作用,造就了企业文化与人们之间相互依赖的关系。

唯有竞争能给文化带来活力。在经济全球化时代,企业文化是一个国家文化的子系统。今日国家间的文化竞争,也更多体现为企业之间的竞争,文化的优劣可以在竞争中显现。

文化被视为人们为了生存而对环境进行适应的方式。不可否认,原始部落的生活方式是落后的,人类的历史总体是向前发展的,因此我们不应该以固化的观念看待文化。人类对世界和事物的认知是有层级的,而作为具有深层内核的文化也存在着进步与落后、成功与失败的区分。只有客观地看待这一切,一个国家才可能从竞争的角度推动整体文化的进步。

就像一个人若不将自身置于与他人的关系里,也就产生不了所谓的自我。任何一种文化若不与其他文化产生联系,也就不可能形成自己的存在。而与其他文化产生联系,则意味着双向的影响。只有不断吸收外来新鲜的东西,才能焕发自身的生机。

文化中也蕴含着竞争力。世界各国的文化异彩纷呈,各具特色,只有在竞争中才会凸显其真正的价值。竞争并不是要消灭区域文化中的特色，而是让真正富有差异性的价值被更多的人共享。也就是说，只有当我们拥有更广阔的视野时，我们才能够提供更具有竞争力的文化。

只有当我们能够以进化论或者积极的观点审视文化时，我们的文化才会重新焕发出生机与活力。唯有推陈出新，文化才会生生不息。

正如杜布拉夫卡·乌格雷西奇[①]所说的那样："没有意识形态的生活就像毛坯房一样空荡。人住在里面会觉得不舒服，因为他不熟悉这样的环境。于是，清空的地方迅速被表面看起来纯洁向上的新意识形态之花覆盖——无论曾经或现在信奉什么主义，人们全都成了乐观主义者。乐观即胜利。为什么呢？因为这种意识形态自然、随和，谁也不会反对它。"如今，财富已经成为大多数人的信仰和追求。金钱本身成为一种通行于世界的意识形态。

无论文化是被称为品牌文化还是企业文化，其本质应是同源的，应具有一致性和契合性，这是文化的外显与内化的问题。存在主义大师让－保罗·萨特认为，存在先于本质。人的"存在"在先，"本质"在后，也就是说，人的存在决定自己的本质。而文化正体现着存在与本质之间的关系。企业文化表达企业的存在和意义，企业文化彰显原本存在的自我，而不是把自身硬塞进人为制造的观念中，它向世界展现真正的自己。

文化不在于观瞻，而在于践行。文化活力也正体现为对现实的参与性。文化所追求的不是让人们"戴着镣铐跳舞"，而是"随心所欲而不逾规"。文化对个人的规范约束应该建立在"更大的自由"和"更广的自由"的前提下，否则文化就只有"镣铐之重"，会因失去活力而成为普遍的束缚。

文化的实现路径，恰如汉代班固在其《汉书·艺文志》中所云："六艺之文，乐以和神，仁之表也；诗以正言，义之用也；礼以明体，明者著见，故

---

① 杜布拉夫卡·乌格雷西奇：生于南斯拉夫，内战爆发后流亡欧洲，后定居荷兰。坚持用塞尔维亚－克罗地亚语写作，但拒绝承认自己是克罗地亚作家，而是将自己定义为"跨国界"或"后－国家"的写作者。致力于推动母语的开放性，维护文化的连续性。作品有《无条件投降博物馆》《疼痛部》《狐狸》等。

无训也。书以广听，知之术也；春秋以断事，信之符也。"这段话体现出儒家"为万世开太平""为天下立纲常"的重规范的现实理性。儒家所尊崇的"仁义礼智信"既是道德规范，也蕴含着深层的精神特质。

如今，文化的重要性日益提高，超越了特定的民族界限，延伸到了全球经济和国际秩序的领域。

中外都有不少伟大的企业家，他们不仅追求财富的实现，也思索人和组织的未来，以文化去"辐照"他人，与他人一起奔赴未实现的理想。

一、追求利润最大化使企业遭受道德责难

"人生三问"也可以被概括为企业需要回答的两个问题：这是个什么样的企业？我该如何经营？

关于企业是什么的问题，商业界人士和典型的经济学家会这样回答："企业是一种以营利为目的的组织。"

企业家不会仇恨利润，但如果企业只追求利润，那么它就会引起社会的仇恨。事实上，现代企业也不会将自己当成唯利是图的组织。我们应该厘清企业真正的性质、职能和宗旨。

在彼得·德鲁克看来，人们不能只用利润来说明和界定企业，就像不能只以利润最大化来描述企业使命及其行为一样。因为利润最大化这一概念本身毫无意义，而且它会使企业陷入将利润当成自己唯一的追求这一危险之中。

就像美国政治哲学家迈克尔·桑德尔在其《公正：何谓正当之为？》一书中说的那样："贪婪是一种恶，是一种不道德的存在方式，尤其是当它使人们忽视别人的痛苦时。它不仅仅是一种个人的恶，还与公民德行冲突。在困难时期，一个好的社会有凝聚力，人们相互关照而不是榨取利益。如果一个社会中的人在危急关头剥削自己的邻居以获取经济利益，那么这个社会就不是一个好的社会。过分的贪婪是一种恶，一个好的社会应当反对这种恶。反价格欺诈法无法禁止贪婪，但它至少能够限制其露骨的表现，并

表明社会对反对它的决心。社会通过惩罚贪婪的行为，肯定了那种为了善良而牺牲的公民美德。"

虽然利润对企业极为重要，但以利润来回答企业是什么的问题并不准确。利润并不是企业行为的合理性依据，就像说医生救死扶伤只是为了养家糊口一样，即使不完全错误，但也是失之偏颇的。

每一家企业都是作为一个社会组织而存在的，它首先解决了公众的就业问题，同时向政府纳税，企业的利润目标与其社会贡献并行不悖。作为财富创造者，企业本身以利他为根基，理应摒弃不义的行为，既体现出社会责任，也体现出国民的良心。每个人都在追求更加自由美好的生活，而企业正是绝大多数人的希望所在。

二、企业的宗旨和使命：由顾客需求定义

企业的宗旨和使命必须存在于企业自身之外、社会之中，关于宗旨和使命最适当的说法就是企业创造顾客。

顾客是企业存在的基础，也是企业存在与发展的动力源泉。也正因为企业能够满足顾客的需求，社会才把资源和财富交给企业。

顾客存在于市场中，而市场是由一众的商业人士共同创造的。顾客在选择购买企业的某种产品前，一定会感受到这种产品能够满足他的相关需求。需求是顾客感知力和欲望的投向。而企业只有将顾客潜在的需求转为实际的需求之后，才会形成顾客与市场。

因此，在定义企业宗旨和使命时，"谁是顾客"是首先要回答的问题，并且是一个关键的问题。

浅层而言，企业看似由做什么来定义；深层而言，企业是由顾客需求来定义的。如果企业的产品等同于顾客的需求，那么销售就变得无须存在。事实上，有一些"无销售"企业，它们靠产品的稀缺性和顾客信赖而占据市场，其根源在于它们所提供的产品和服务与目标顾客的需求相一致。在一个理想的市场中，更合理、更有效的方法无疑是让目标顾客的需求成为我

们的产品。

就像菲利普·科特勒在其《营销管理：分析、计划、执行与控制》中所说的那样："顾客购买一把电钻，他们要的不是电钻本身，而是孔洞。"这句话为营销界人士所熟知，而关于这句话的深入思考，会将我们引向对企业本质的认知。

顾客购买的往往并不是产品本身，而是产品的效用，即这件产品能够带给顾客什么影响。深刻理解这样的话，我们就不会从"钢铁公司是生产钢铁的公司"这样肤浅的角度来理解企业。

当初，史蒂夫·乔布斯及其团队发现社会需要智能手机，他们的设想是研发一台可以装进口袋里随身携带的小型电脑，拥有电话的所有功能，但功能比电话强100倍，使用起来也非常简单。然后他们研究了如何制造出这样的智能电话，以及如何实现规模化生产。于是，一个移动智能时代开启了。

对于乔布斯及其团队而言，目标和结果仅存于企业的外部。他们知道绝大多数的人都不会拒绝，甚至非常渴望拥有一台具有通信功能且可随身携带的电脑，他们为满足这个社会需求而来。

彼得·德鲁克指出，企业的宗旨就是创造顾客。因此，企业肩负着两项基本职能：营销与创新。

"生产与交换是商业世界永恒的主题。当代市场营销要求企业从顾客需求、实际情况和价值观念入手，把满足顾客需求作为目标，把对顾客的贡献作为获得报酬的依据。要想在社会上赚钱，就要为社会提供有需求但无法不花钱就能获得的东西。企业经营的目标就是让顾客满意，而企业需要付出成本。"德鲁克说。

对于那些并非需要不间断购置的产品和服务而言，每一次市场营销的成功其实都是在减少市场对企业的需求。因为多数的顾客在体验了产品和服务之后，都会产生新的期待和更高的要求。对于企业而言，仅提供有限的产品和服务是远远不够的，还需要开拓更好、更多的产品与服务。企业即使不追求规模的扩张和实力的提升，也需要持续地改进。

因此，企业是一个增长、扩张和变革中的特殊组织，企业肩负着创新的职能。企业对社会进步的推动，也正源于它的种种创新努力。因此，只有创新才能为企业带来发展动能，才能创造更美好的未来。

当然，企业的创新可能在于形成新的潜在需求，可能是在原有产品和服务的基础上加以改进，也可能体现在成本控制、管理方式和经营模式等诸多方面。

界定清晰的组织使命能够起到不断提醒的作用：提醒大家向外看，不仅要寻找顾客，还要寻找获得成功的方法；也提醒大家向内看，寻找内部的不足，并进一步寻找加以改进的措施。

三、企业的任务

20世纪30年代的经济大萧条时期，出生在德国的尼古拉斯·德雷斯塔特在接管凯迪拉克汽车公司时说："凯迪拉克汽车实际上是在同钻石和貂皮大衣竞争。凯迪拉克汽车的买主购买的不是一种交通工具，而是一种体现地位的产品。"正是这一回答让趋于没落的凯迪拉克汽车公司重获新生。尽管当时经济处于大萧条时期，但凯迪拉克汽车公司却蓬勃发展。

所以，"企业做什么"和"企业的任务是什么"的答案并不像我们想象中的那样——汽车公司生产汽车，我们的任务就是生产更好的汽车。以此类推，设计公司为客户提供的也并非只是富有创意的作品，还有令产品增值的部分……

"机会是留给有准备的人的"，这对企业来说也一样。一些未能准确回答"我们的业务应该是什么"这一问题的企业，很可能错失重大的机会。

如果一家企业把有限的精力全部投入到捍卫过去的事物当中，坚守老一套的成功经验，那就没有时间、资源和意愿来把握属于今天的机会，也就谈不上更好的未来。

外部环境不断变化，企业家需要对这些变化加以辨识。这就要求企业家以市场潜力和发展趋势为出发点，在假定顾客、市场结构和技术方面发生根本性变化的前提下，制定应对策略。所以，企业家不仅要思考眼前的业务是什么，还需要思考未来5年甚至10年的业务。对于阿里巴巴而言，他们宣称要做102年的企业，而要实现这样宏远的目标，则必须要判断企业所处的现状和前景，并做好对各种变化的应对。

1999年，马云及其团队说要人们学会在网上购物的时候，很多人并不知道他们究竟要干什么，人们对网上购物毫无概念，也不相信自己会在网上进行购物。当时，几乎所有的人都用疑惑的目光打量他们，他们在推广自己业务的过程中遭遇过无数次的拒绝。

同时，一些风险可能来自你并未注意的行业。构成风险的也并非只有你的同行。就像摧毁马车行业的并不是制造马车的人，而是制造汽车的人。

远见在于对行业的洞察和对外部趋势的研判。针对各种趋势，大企业会冒着巨大的风险加以布局，构造企业的生态链。同时，随着时间的推移，一个社会的人口结构、购买力和购买行为也会出现变化，这些变化都需要企业保持警觉。

当面对的顾客发生巨大的变化之后，企业也需要重新审视自己原有的宗旨与使命，思考"企业做什么"和"企业的任务是什么"等问题的答案。

四、将宗旨与使命转化为目标

只有明确企业宗旨与使命，才能确定目标、制定战略、集中资源，助力企业的未来发展。换言之，企业需要将其宗旨与使命转化为具体的目标，否则其宗旨与使命就是一种毫无意义的假想，成为有名无实的警句。

目标代表着企业的基本战略，是对行动的具体承诺，也成为一种衡量工作绩效的标准，它让看似抽象的宗旨与使命变得具体。

目标也是工作安排的基础。因为企业需要在多种职能和方向上加以权衡，所以往往必须设定多种目标。在影响企业生存与发展的各个关键领域，都需要设定明确的目标，包括市场营销目标、创新目标、资源目标、生产目标、利润目标、社会责任目标等。

首先，企业必须能够在市场上创造顾客，这就需要有市场营销目标。其次，企业必须能够创新，不让自己成为落伍者，这就需要有创新目标。

市场营销和创新是企业设定目标过程中的两个基本领域，这两个领域都是围绕顾客和顾客需求展开的。我们常见的关于对此类目标的宏大表述有"我们要成为行业的领跑者""我们要成为某某领域的主导者""我们拥有遥遥领先的市场占有率"等。

这些表述看起来很厉害，但它们可能预示着错误与风险。因为这些表述可能导致企业孤注一掷，将所有的鸡蛋都放在一个篮子里。并非所有企业都可以成为市场的领跑者，一家企业也不可能在所有方面都领先于同行。市场占有率通常存在一个最高限度，超过这个限度反而对企业不利，这符合边际递减效应，而且许多国家都有反垄断法。因此，任正非才说："华为需要克服自己的优势。"

占有市场主导地位的企业往往会犯的错误就是松懈和自满自大，从而产生不需要改变的错觉，导致内部对创新产生抵抗。

对于顾客而言，当他们觉得自己的需求满足仅来源于一家企业时，理性的顾客也会产生"店大欺客"的担忧，从而寻找新的产品。尤其是在对大型产品的采购中，人们更会反对过分依赖一家占据主导地位的企业，他们会寻找那些具有成长潜质的企业。

彼得·德鲁克说："企业所应该达到的市场地位，不应是最大限度，而应是最优限度。"

深谙此道的杜邦公司就很好地把握了这一点。在绝大多数的成功创新中，其总是将市场占有率保持在一个适度位置，并有意识地培养一批竞争对手，而自己则着手销售创新的专利权。

特斯拉的新能源汽车也是如此。2014 年 6 月 12 日，埃隆·马斯克主动开放所有专利权，引入一些竞争者，与之共同推动新能源汽车的发展。特斯拉依靠不断的技术进步保持一定的领先。

五、使命决定战略，战略决定组织结构

一艘稳健运行的大船不会时刻凸显舵手的重要性。稳健的大船应该摆脱对个人的过度依赖，而依靠机制维持其运行。过度依靠舵手的船是十分危险的，充满着不确定性。对于一个伟大的组织而言，一个时刻想"掌舵"的人注定不是一个好"舵手"。好"舵手"应该信赖健全的机制，而不应该将所有的关键事务揽在自己一个人身上。

也就是说，"舵手"必须懂得"控权"与"放权"，并平衡好两者的关系。

组织为目标服务。组织形式不是绝对的，它仅是提高人们工作效率的工具，是管理层行使管理职权的工具。在如今的社会环境下，管理的目标在于充分发挥每个人的特定优势。

虽然在很多情况下组织需要充分讨论和团队协作，但有时候也需要依靠关键人物的决策。就像一艘船在面临沉没的危险时，船长不会着急集合船员开会讨论，他只能下达命令。只有所有船员都选择执行明确的指令，这艘船才有可能化险为夷。所以，层级制度并不会消亡，集权化在某些组织中依然存在。

组织形式由企业的战略决定。任务是围绕战略而展开的，企业无论采取何种组织形式，都有一些原则需要遵守。

第一，组织必须是透明的，即员工需要知道他们在一个怎样的组织机构中工作。不能像弗兰兹·卡夫卡小说《城堡》中的那名土地测量员那样，筋疲力尽，费尽周折，永远找不到与自身工作有关联的人。

第二，组织中必须有人拥有最后决策的权力，在遇到危机时，他能够站出来掌控全局。当然，权力与责任应该是对等的，决策者往往需要承担决策失败的最大风险。

第三，在组织中，一个人只应有一个"领导"，避免"令出多人"的情况，即组织结构应该尽可能扁平，重叠的指令只会成为"噪声"。

六、文化是竞争力的要素和源泉

彼得·德鲁克指出，企业的目标是创造财富，而非控制成本。事实上，企业在文化建设方面并不需要增加太多成本，却能够带来众多且长远的收益。

华为创立者任正非说："资源是会枯竭的，唯有文化才会生生不息。一切工业产品都是人类用智慧创造的。华为没有可以依存的自然资源，唯有在人的头脑中挖掘出大油田、大森林、大煤矿……"

如果这家企业能够激发每个员工内心的善意和潜能，使其自主地去承担其在企业中的责任，并富有热情地展现自己的创造性，那么企业文化的贡献将会在无形中变得巨大，并且通常难以被简单模仿，因为这种氛围是基于历史而生成的。

真正重要的不是过去，而是未来。一家企业必须不断前行，走到竞争的市场中去，行动起来，然后影响它、改变它。

创新，对企业而言十分重要。创新活动是通过人来开展的，而人又是在一个组织机构中工作的。为了使企业能够具备创新能力，企业需要建立一种有利于创新的机制，帮助员工培养创新精神。

创新，就是突破已知边界，到未知的领地去，需要自由的思想和探索的勇气。

人的创新活力一方面来自人的天性与禀赋，另一方面来源于外部的环境。身处于企业中的人，受到文化环境的熏陶，受到来自组织和集体的鼓励，最终又会反哺企业，成为企业的核心能力的一部分。

1990年，加里·哈默尔（Gary Hamel）与普拉哈拉德（C. K. Prahalad）在《哈佛商业评论》上发表了一篇名为"公司的核心竞争力"（The Core Competence of the Corporation）的论文。这篇论文提出，我们应该从核心能力、核心产品及最终产品三个层面去思考一家公司。

从短期来看，企业的竞争力源自现有产品的性价比特性；从长期来看，竞争力来源于能否以比竞争对手更低的成本和更快的速度建立核心能力，而这些核心能力会催生意料之外的收获。正是资源分配的一致性和建立与之相适应的管理基础设施为战略架构注入了活力，促进了管理文化、团队合作、变革能力的发展，让所有员工愿意共享资源、保护专有技能，并考虑长远。这是竞争对手不能轻易复制特定战略架构的原因。

企业的核心能力亦体现为协调生产技能和整合多种技术的能力。核心能力是沟通、参与和对跨组织边界工作的深度承诺，涉及企业所有部门。使企业拥有核心能力的人不会太狭隘，能够识别出以有趣的新方式把自己和其他部门的专业能力结合在一起的机会。因此，组织集体学习对形成核心能力尤为重要。

与实物资产随着时间推移而损耗不同，核心能力不会越用越少，反而会因使用和分享而得到增强。但是核心能力仍然需要培养和保护。核心能力可以把现有业务紧密地连接在一起，此外，它们也是新业务开发的引擎。其中的某些因素尽管难以直接测量，但可以从企业的产出和效率中间接体现出来。多元化的模式和进入市场的决策更应该受核心能力的指引，企业不应该仅考虑该市场的吸引力。

核心能力正越来越多地展现企业文化。企业文化是核心能力的重要组成部分。企业正在竞相打造决定全球领导地位的能力，成功的企业已经不再视自己为各个产品业务的组合，其目标是掌握更高的全球顾客的"心占率"。

第二节　价值观念造就企业

在组织文化的创建过程中，每家企业都需要寻找自己的"奥秘之门"，赋予自身独有的风格与色彩。某些好的方法和颇具启发性的案例值得我们参考和借鉴。

詹姆斯·柯林斯在其与杰里·波勒斯合著的《基业长青：企业永续经营的准则》一书中指出："伟大公司的创始人通常是制造时钟的人，而不是报时的人。他们主要致力于打造时钟，而不仅仅是寻找合适的时机，以高瞻远瞩的产品打入市场。他们致力于打造的不是高瞻远瞩的领导者的人格特质，而是打造高瞻远瞩的企业的组织特质，其最伟大的创造是企业本身和它所代表的一切。"

有些企业的价值观念表述得十分空洞，甚至有的企业表述的仅是财务方面的目标。但是在特伦斯·迪尔和艾伦·肯尼迪的一项调查中，那些有着抽象价值观念的公司都是成功的公司。

为什么看似抽象的价值观念，却真实地造就了伟大的公司呢？

答案就是：因为它们的创始人、管理者和普通员工都真诚地相信这些价值观念。

当绝大多数人仅关注那些具象的事物和具体的目标时，那些富有梦想的人看到的却是高深的东西。就像毕加索对那些认为他的画过于抽象的观众所说的那样："抽象，对我是如此具体。不要去描绘客观物体的外表形态，而要把客观物体引入绘画，从而将表现具象的物体本身和表现抽象的结构形态结合起来。"

价值观念不像组织结构、规章制度、战略和财务预算那样有具体的文字表述，或者虽然得以表述，但是却让人感觉与自己每天的工作毫无关联。而那些指向过于具体的价值观念，虽然可以聚集资源、明确目标，但无疑会将企业思维与视野局限于狭隘的问题之上，从而失去开放性和可能性。

只有能够为人共享的价值观念才能让人从中获得动力。如果员工知道企业要求坚持什么，就更可能做出具体的行为来支持这些坚持，从而将自己视为企业的重要组成部分。一个含义广泛的价值观念可以被阐释为针对具体部门、具体工作的经营理念。

一、价值观念为员工提供规范和指引

价值观念作为企业经营理念的核心，能够为所有员工提供规范和指引。企业文化成功与否，也在于员工是否认同、信奉和实践企业的价值观念。

价值观念分为两种：一种是与实际绩效直接相关的；另一种是与实际绩效关系不明确的，如信仰、道德、审美等。持续有效的价值观念有可能转化为深层假设，变成一种几乎不容置疑的定见。

价值观念构成了企业文化身份的基石，而且企业需要在经营和管理中加以实践，只有实践才能让这些价值观念更加坚韧。

就像没有人能够不通过锻炼就成为健美先生，没有企业仅通过口号上墙就成为有文化的企业，企业文化必须外化成具体的行为，并且通过习惯加以巩固。

核心价值观是获得全体或多数员工认同的价值判断体系，能够回答"企业的价值是什么"和"什么对企业是有价值的"两大问题。它影响和决定企业存在的意义和目的，是企业各项经营行为的判断标准，用以修正员工的行为。

一些知名企业的核心价值观

京瓷的核心价值观：客户为先、诚信、协作、感恩、拼搏、担当。

华为的核心价值观："以客户为中心，以奋斗者为本，长期艰苦奋斗。"

阿里巴巴的核心价值观："客户第一，员工第二，股东第三。""因为信任，所以简单。""唯一不变的是变化。""今天最好的表现是明天最低的要求。""此时此刻，非我莫属。""认真生活，快乐工作。"

万科的核心价值观："大道当然，合伙奋斗。"

杜邦的核心价值观："安全与健康""保护地球""尊重他人与平等待人""坚持最高标准的职业操守"。

这些优秀的企业几乎都可以把它们的核心竞争力回溯到它们的价值观念上。

我们既看重价值观念的含义，也看重价值观念对组织运作的实际影响。而要想企业的价值观念起到积极的作用，我们还得考虑其正当性。

价值观念的正当性问题主要包括两种类型。

其一，价值观念本身的不正当。比如在法治社会倡导血亲复仇。在一个法治社会，这种价值观念没有存在的基础。在黑帮电影中，黑帮人物也会认为自己奉行着某种正当价值观，那种价值观念甚至可以获得很多观众的认同，但那种价值观念建立于某个特定利益群体之中，而从群体之外的视角来看，则会失去其正当性。

其二，关于价值观念的虚假陈述。就是说价值观念本身是正当的，但是价值观念的提出并非出于真诚的信念，而仅是一种用以欺骗别人的虚假陈述。虚假陈述会造就一些价值观受害者，而价值观受害者也会反噬虚假陈述者。虚假陈述的价值观念在企业中比较常见，如一些企业高层倡导"以员工为本"，却设有干部专属食堂，并处处体现出管理层的特权和优越性。

"质量至上""客户为先""热忱服务""团队协作"是存在于企业中最为统一的口号，往往以醒目的文字形式出现在企业办公场所墙面。但在审视企业具体政策和行为时，大多数人又会觉得那只是文字陷阱，具有流行语的性质。这些美妙的标签更像是烟雾，而不是某种可以真正值得人们信任的东西。

二、利益共同体的思想可以被视为战略

共同体[①]的语言让人们有可能向其他成员交流自己的感受和想法，因而通过语言和其他符号，每个人都能推定并理解他人的感受和想法，从而做到声气相通。

利益共同体的思想不仅体现为企业的价值观念，而且可以被视为企业的基本战略。在商业界众所周知的"惠普之道"，便是1957年比尔·休利特和戴维·帕卡德与20名高层管理者在一次外出会议上充分讨论的结果。"惠普之道"，就是惠普的使命宣言。直到今天，这些原则还指导着企业的经营管理。

---

① 共同体：既可以指具有预设基础、封闭的同质化实体，也可以传达无关实体的抽象情感和诉求。

> **惠普之道**
>
> ● 利润：利润是衡量我们对社会所做贡献以及企业实力的最好标准。我们应该在与其他目标相一致的情况下，努力获得最大可能的利润。
>
> ● 顾客：我们要争取不断提高给顾客提供的产品和服务的质量、有效性和价值。
>
> ● 利益领域：集中精力，不断寻求新的成长机会；把我们的投入限定在有能力且可以做出贡献的领域。
>
> ● 成长：强调成长是实力和生存要求的度量标准。
>
> ● 员工：为惠普人提供就业机会，包括共享企业成功的机会，因为是员工使成功成为可能。基于业绩给员工提供工作保障，提供由工作中的成就感而带来的个人满意的机会。
>
> ● 组织：维持一个组织环境，以促进个人的主动性和创造性，并在实现确定的目标上拥有广泛的自由度。
>
> ● 公民身份：通过为社区和其他社会机构做出贡献，来履行良好公民的义务。

这些信念使得惠普成为一家模范公司。

同样，利益共同体的思想不仅体现为华为公司的核心价值观"以客户为中心，以奋斗者为本"，而且被视为华为的大战略。任正非说："华为就是要建立一个利益共同体，这个共同体不仅仅是指我们全体员工，也包括供应商和华为的客户。"

惠普与华为的价值观念都出于创始人和管理团队的真诚信念，他们将自身的价值观念落实在企业的政策和具体行动当中，从而让这些价值观念造就优秀的员工，同时让顾客成为价值观念的受益者。

三、清晰的理念和目标表述能够凝聚人心

伟大的企业能在追逐利润的同时，坚守它们的价值观念。信念与角色

定位也体现于其对愿景与使命的描述及其所确立的战略之中。

美国著名管理学家切斯特·巴纳德曾说:"组织的原动力来自组织成员贡献的意愿和能力。"清晰的愿景、使命、企业精神的表述,能够在企业中发挥统一思想、凝聚人心的作用。

正如 IBM 的创始人托马斯·沃森说:"任何伟大的持续了多年的公司的适应能力不是来自某种形式的组织或者管理能力,而是来自信念的力量,以及这些信念对人们的吸引力。"

愿景是企业对未来发展方向的一种期望、预测和定位,回答的是"将成为什么"的问题。对愿景的描述体现出企业家对行业趋势的判断和志趣。

使命是企业对内部和社会所做出的承诺,回答企业"干什么"的问题,是对企业目标的概括。企业存在的根本理由和终极意义是体现企业奋斗的理想和宗旨。

企业精神是企业多数或全体员工共同认可的态度、意志和思想境界。企业精神以价值目标为动力,对企业经营哲学、管理制度、道德风尚、团队意识和企业形象都起着决定性的作用。

第三节　文化的效用:修补制度中潜在的欠缺

文化深刻影响着人的意识形态,塑造着一个人的内心世界。文化的效用不仅体现于我们可见的地方,也体现于我们不可见的地方。良好的文化能够让人拥有良好的动机,保持善念,从而影响到人的具体行为。

一、激发人们责任感,解决"当为而不为"和"无过错方"问题

在日常生活和企业的经营活动中,人们极有可能遇到"当为而不为"的情况:或因认为事故的发生与自身无关而冷漠待之,任其发生;或虽见其发生,但为避免承担责任而不施以援手。冷漠和逃避责任引发了此类事件,而其背后则有着深刻的文化原因。

很多读者可能都见过这样的一个视频。一辆卡车正在缓慢倒车，而一个蹒跚学步的幼儿正在车轮的后方，一个路过的老人朝幼儿看了一眼，然后若无其事地走开了，惨案像所有人都可以预见的那样发生了——幼儿命丧车轮之下。卡车司机毋庸置疑地成为事故的责任人，可是那个漠视事故发生的老人是否应该得到惩罚呢？

如果这位老人只是偶然路过，没有看到车轮后面的幼儿，那么他就是一个无过错方，这起事故与他毫无关联。可问题在于，一个监控镜头清晰地记录了他朝幼儿看了一眼。我们据此推断，他很可能能够预判危险的发生。我们甚至可以说，如果他有所作为，这起事故便不会发生。

他的责任不在于他的作为，而在于他的不作为。老人的这种"不作为"来自他在文化思想上的狭隘。

在现实生活和企业活动中，很多的不作为行为所产生的后果并非如此严重，很多的不作为行为也不会被记录、被发现，但它们却深刻地影响着社会和企业的环境。过多的不作为行为会让人们感觉到这个环境是不良善的、不友好的，也会造成集体的低效。

2019年4月15日，巴黎圣母院的那场大火就具有某种警示的意义。对火灾起因的推测包括"电力系统故障"和"随手乱丢的烟头"等。检察机关对是否存在玩忽职守行为至今尚无定论，因此火灾并没有直接责任人，事故可能是由人们漠视细微风险和刻意避责所致。

这类问题并非都可以交给制度来解决，良善的文化可以调动人们的参与意识，帮助人们建立责任感，发现并消除潜在的风险。文化可以起到促使人们主动承担责任、积极采取行动的作用。

新制度经济学的倡导者、英国经济学家罗纳德·科斯[①]在其《社会成本问题》一文中，将交易成本的概念与法律制度相联系，分析了法律规则对资源

[①] 罗纳德·科斯（Ronald Coase，1910—2013），新制度经济学的鼻祖，美国芝加哥大学教授，芝加哥经济学派代表人物之一，法律经济学的创始人之一，曾提出"科斯定理"，1991年诺贝尔经济学奖的获得者。其对经济学的贡献主要体现在他的《企业的性质》和《社会成本问题》等论文中。

配置的影响，得出了新颖且实用的结论：在某些事故中，应该处罚那些付出成本较小而社会收益更大的行为决策人，而不是那些付出成本较大而总体收益较小的行为决策人。也就是说，从社会成本分析入手，谁能够以最低的成本避免意外，谁就应该承担更大的责任。只有这样才能将整个社会的成本降到最低。

这个理论的一个更典型的案例是：燃煤火车在两侧都是农田的铁道上行驶，火车烟囱喷出的火星点燃了堆放在农田里的亚麻，如图1所示。在这个案例中，农民是否有权向铁路公司索赔？按理，农民有权在自己的农田里堆放亚麻，火灾也确实是由火车引起的。农民看起来似乎很无辜，但是农民是否应该认识到在铁道旁堆放亚麻的危险性，从而将亚麻堆放在远离铁轨的更安全的地方呢？对于农民而言，将亚麻堆放在哪里的决策成本为零，而收益却是亚麻的安全。因此，农民应该对自己的决策负责。

图1　燃煤火车驶过农田喷出的火星引燃亚麻，铁路公司是否应该向农民赔偿

而如果将责任归于铁路公司，对农民无视潜在危险的行为给予赔偿，那么可能引起的后果就是，农民故意将亚麻堆放在铁道的两侧，等待发生事故，继而获得赔偿。

个人所具有的权利是由法律规则决定的，法院实际上做的是有关经济问题的判决。而法律规则将会对经济体系的运作产生深远的影响，并决定各种资源如何有效配置。科斯对此引申的解释就是：不同的法律框架对交易成本的大小影响不同，从而有不同的资源配置效果，因此，对法律制度的选择与制定同样要考虑其经济的总效果。他的这些思想被融入法律问题研究中，为经济分析法学奠定了基础。

科斯的《企业的性质》论文的发表，成为新制度经济学产生的标志。在一大批新制度经济学家的推动下，新制度经济学的内涵不断被挖掘，其理论体系也逐渐成熟，并悄然引发了一场新制度经济学革命。

科斯从资源配置效率入手，充分考虑人类行为的复杂性（这种复杂性超过了原有的古典经济学对完全理性的"经济人"的假设），将制度纳入经济学分析之中，激发人们进一步思考组织和制度问题，让人们看到法律制度对经济体制运作的深远影响。而正因为科斯主张经济学应该研究人在现实生活中的本来面目，因此，他的观念也为企业的文化建设带来了某些启示。

企业和市场中的每个人都有血有肉，有自己的历史，有独特的品质、个性、行为方式和生活境遇。诚如亚当·斯密在《道德情操论》中所说的那样："人类生活的不幸和混乱，其主要原因似乎在于高估了一种境况和另一种境况之间的差别……然而，他只要稍微观察一下就会确信，心态好的人在人类生活的各种平常环境中同样可以保持平静，同样可以高兴，同样可以满足。有些境况无疑比另一些境况优越，但是没有一种境况值得怀着这样一种激情去追求，这种激情会驱使我们违反谨慎或正义的法则，或者由于回想起自己的愚蠢行动而感到羞耻，或者由于厌恶自己的不公正行为而产生懊悔，从而破坏我们内心的平静。若改变境况的努力不以谨慎为指导，也无正义可言，那个确想这样做的人，就会玩各种不合适的危险游戏，押上所有的赌注却毫无所得……在现实中，虽然我们生活平凡，但以我们的能力，同样的幸福和快乐一直唾手可得。"

从亚当·斯密到罗纳德·科斯，从罗纳德·科斯再到今日，经济学的研究对象已经从一个有血有肉、有伦理道德的人创造财富的行为，转变为一个冷冰冰的资源分配的选择逻辑。在这个转变过程中，我们付出了许多代价，其中显而易见的一点，便是人性在深度和丰富性上的极大损失。当现代经济学不再以实实在在的人为研究对象时，它便失去了扎根现实生活的锚，逐渐偏离经济现实。因此，当危机临头，惶惶不安的大众急切需要经济学家出谋划策时，经济学家却往往言不成理，缺乏洞见。

唯有将尊重人性的文化要素纳入到经济研究的体系之中，将科学手段与人文洞见相结合，我们才可能不再将人仅仅视为简单的经济要素，而将之还原为人的本身，赋予其该有的文化特性。

二、组织文化的正向作用

人类行为有着潜在的客观规律，现实中企业管理层常用"扣钱"的方法去提高工作效率，克服员工迟到、工作量不达标等问题，但此类手段往往会失效甚至适得其反。首先，规则制定者有着自身难以看到的盲点；其次，人们心里藏着规则管不住的行为暗码，有着隐蔽的心理启动机制，人们在采取某些违规行动时，虽会受到从众效应、社会规范、道德感的约束，但也会综合考虑守规和违规的损益等。然而，文化会实现制度与法规无法实现的效果。

文化虽不是正式的规则和制度，但文化是影响一家企业成功与否的关键因素。

吉姆·柯林斯与杰里·波勒斯在其合著的《基业长青：企业永续经营的准则》一书中，把遗传双胞胎研究[①]应用到社会机制中，即选择在诞生时代、面对的人口数量、市场机遇、技术更替以及社会经济发展趋势方面相同的两家企业进行对照研究，分别在 25 年、50 年或者 100 年之后，去寻找它们之间存在的差异。

对花旗公司与大通银行、通用电气与西屋电气、沃尔玛与 Ames 百货、迪士尼与哥伦比亚制片公司等 18 个对照组的研究结果表明：能够基业长青

---

① 遗传双胞胎研究：通过比较同卵双胞胎和异卵双胞胎在心理行为特征上的相似程度，探讨遗传和环境对个体身心发展的影响。

的公司正是其创始人拥有长远愿景的公司，它们不满足于短期目标和所取得的微小成就，它们设定了远大目标，吸引那些喜欢挑战的人。在这些公司中，主要的驱动力就是公司员工始终维持这一愿景。

20 世纪 80 年代，日本企业的快速崛起吸引了学者们的兴趣。在研究了日本企业的管理机制之后，许多管理学家认为，日本企业竞争力迅速增长的重要原因在于其文化特征。因此，他们开始积极地开展企业文化的相关研究，并提出了各种定义，包括：人们互动时的行为准则、群体规范；主导性的价值观；组织中的游戏规则；思维习惯、心智模型、语言模式等。

概括而言，企业文化的显著功能主要有如下三点。

第一，理念引领，目标导向。企业文化直接反映企业中最高层管理人员的思想和核心价值观，对于企业的生存和发展具有导向性作用。企业文化可以调动员工的积极性和创造力，使他们为实现企业的目标拼搏进取。

第二，凝聚人心，疏导情感。企业文化能把员工凝聚在一起，充分发挥企业的整体优势；企业文化能协调内部员工之间的关系，疏导员工情绪，促进员工之间的交流，营造良好的内部氛围。

第三，规范行为，高效协作。企业文化可以让员工建立共享的语言系统，保证沟通的准确高效，并自觉按照共同价值观、规章制度和约定俗成的规范行事。

适用于当代的先进企业文化需要尊重每个人，具有基于正义的不可侵犯性。就像约翰·罗尔斯所说的那样："正义是社会制度的首要德行，正像真理是思想体系的首要德行一样。"

文化不是一种不着边际的陈述，不是文牍主义的搬弄。文化有其实用性，其实用性在于富有惠泽于人的、正义的观念和思想，在于真诚的人类情感，能够激发人们对善和美的感受与追求，从而形成一种德行的力量，并对人产生一种约束力和感召力。

第三章 文化的内涵及存在方式

文化体现为人类思维和对世界的认知，它根植于人类的语言系统，本身也是一种叙事方式。

在哲学家让-弗朗索瓦·利奥塔[①]看来，我们的社会传统、道德观念、生活习俗和制度体系等的正当性，正是来源于连续、统一的叙事形式。这种叙事被利奥塔称为元叙事。这些叙事带有浓厚的意识形态色彩，隐匿着道德和规训。在文艺复兴之前的西方，这一时期的宗教故事、神话传说和社会习俗都成为知识的表达形式，如上帝永恒、灵魂不朽、人性原罪以及对真善美的追求，这些叙事被认为是社会文化的基石，是神圣不可侵犯的。在中国古代，女娲补天、嫦娥奔月、精卫填海、愚公移山、黄帝炎帝、亡羊补牢等神话传说和寓言故事也构成了古代中国社会的元叙事。这些叙事被视为一种知识并被一代代地传承下来。当我们质疑某些神话传说和寓言故事的合理性的时候，就对其正当性构成了挑战。

在西方，随着文艺复兴和思想启蒙运动的发展，资产阶级掌握了政权，为了摆脱封建贵族和宗教的束缚，新的元叙事开始形成，其中包括两种叙事：一种是以黑格尔的辩证法和启蒙理性为代表的思辨体系；另一种是以马克思的理念为代表的解放体系。这二者建立的新的元叙事，被利奥塔称为"思辨叙事"和"解放叙事"。

思辨叙事为我们提供了追求真理的合法性，宏大的解放叙事为我们追求终极的正义和自由提供了合法性。处于这个阶段的社会被称为"现代社会"。在现代社会，现实中的正义与思辨体系中的真理具有统一性，它们并没有分开。知识被看作从压迫中解放出来的基础，叙事的目的是将人从愚

---

① 让-弗朗索瓦·利奥塔（Jean-Francois Lyotard，1924—1998）：法国当代著名哲学家，后现代思潮理论家，解构主义哲学的杰出代表。主要著作有《现象学》《力比多经济》《后现代状况》《政治性文字》《异识》等。

昧的教条主义、神秘主义和苦难剥削中解放出来。知识在宏大叙事之下拥有着更高的使命，古代元叙事中的英雄变成了人民，人民参与社会生活的规范方式就是民主协商和民主投票。但到了后现代，这种元叙事已经开始瓦解，不同规则的语言游戏将个体的身份变得分散，真理与正义失去了统一性，原有的词义被消解，政治家口中的人民不再是普通民众，知识变成了话语和权利，离普通民众越来越远。宏大的叙事抵制了个体的参与，并压制了个体创造性的形成，分散的个体唯有通过细微叙事才能批判宏大叙事的霸权。而后现代科学也正是在寻找悖论、不稳定性和未知中获得突破的，而不是试图构造另一个能被应用到所有科学领域的宏大叙事。

唯有经得起质疑并通过深刻批判，才能最终扎根于人们心底。质疑与批判，本身就是深入认知和寻求创新的方法。唯有保障较高的个人自由度，创新才拥有土壤。许多伟大的创新都源于个体的异质思维、独立思考和偶然的突发奇想。唯有人的个性和天赋得到保护，人的创造力的花朵才会绽放。

我们参与全球化的竞争，理应知晓所有深层假设中的变化。相比宏观文化中的叙事，企业文化应该根植精微，切问近思，关注对真实有效的知识的创造，以此开辟崭新且自由的天地。为了拥有真正公平合理的价值判断，我们需要就事论事，具体问题具体分析，从具体事件和个体处境出发，以创造和谐的新秩序。在企业文化中，我们也需要依靠细微叙事来建立起文化的内涵和外延，让其中的意识形态和价值观念通过恰当的叙事变得可知可感。将企业文化转变为某种叙事也正是文化价值得以实现的关键路径。

让-弗朗索瓦·利奥塔的思想和埃德加·沙因的文化理论，可以将我们带入一个更加广博而又深邃的地带。我们由此可以产生新的追问和思考，从而丰富和深化对文化的认知，更好地创建自己的文化。

第一节 组织文化的基本内涵

任何组织的人都在创造文化，以此给他们所做的事情赋予意义，使人们为他们的努力而感到自豪。

企业文化与企业的身份紧密相关。企业作为社会的重要器官，其并不仅仅是为了赚钱而存在，而是为了满足社会、特定的群体或个人的需求而存在。所以，企业并不仅仅要考虑"我们是谁"的问题，还要考虑"我们做什么"以及"我们的任务是什么"的问题。

一、文化密码与存在形式

文艺批评家乔治·斯坦纳（George Steiner）曾写道："如果没有翻译，我们无异于住在彼此沉默、言语不通的省份。"而作家安东尼·伯吉斯（Anthony Burgess）回应说："翻译不仅仅是言辞之事，它让整个文化变得可以理解。"

这里的"翻译"原指不同的语言之间的"翻译"。事实上，操持相同语言的人群对于同一个词语、同一句话往往也会因为经历不同、专业不同、境遇不同而产生不同的理解。人们误听、误解的情况经常发生，这会造成沟通上的障碍和族群的分裂。

显然，语言中存在"文化密码"，不同的族群面对不同的文化，都需要翻译。我们可以看到，用语言所表达的东西要比语言本身更加具有共性。有听觉障碍和言语障碍的人之间也可以进行"交谈"。也就是说，人们相互之间感受信息的能力要超过语言的表达能力，人们相互之间的理解要比我们所能表达和猜想得更多和更好。

正如彼得·沙因在《组织文化与领导力（第五版）》一书的序言中所说："我们对文化的认知也在演变。早期，我们认为文化是任何一个处于工作场所的个体所具有的模糊的感知，可以将其用来指导行动和决策；现在，我们将文化认定为一种可以用共同语言所理解和描述的事物，它是一种检验'默契度'的有效手段，是企业对外宣传的美德，是一种可以用于战略变化的杠杆。文化，对我们工作场所的群体意识具有显而易见的主导作用……"

"信任他人者，他人信任之"正是我们大脑的工作方式。文化本身蕴藏的力量就体现于人们的默契中，能够帮助人们实现顺畅的沟通，降低交流的成本，达成高效的协作。因而，塑造文化竞争力成为众多企业一致追求的目标。

每个组织都拥有自己的文化，但是在某些企业中，文化的表现过于支离破碎和缺乏核心，未能形成凝聚力，无法成为驱动组织进步的力量。

伟大的企业家会悉心建立和培育自己的文化，并将之与时代的变革结合起来，以保持文化的活力。事实证明，强大的企业文化最终也会成为整个社会的推动力。日本就被视为企业文化在国家层面的拓展：一种发端于企业的文化，不断地延伸到银行金融机构、社会服务机构，从而塑造了整个社会。这种由个体至局部、由局部至整体的自发性秩序更加具有稳固性和生命力。

1. 企业文化中的深层假设

企业文化是在企业解决外部问题和内部问题的过程中形成的。

埃德加·沙因在其《企业文化生存与变革指南》一书中，将企业文化分为三个层次：人工饰物（可以观察到的管理制度和工作流程）、价值观念（企业的发展战略、目标和经营哲学）和深层假设（意识不到的、深入人心的信念、知觉、思维和感觉）。如图 2 所示。

人工饰物（artifacts）	可以观察到的管理制度和工作流程（难以解读）
价值观念（espoused values）	企业的发展战略、目标和经营哲学（信奉的正当性原则）
深层假设（underlying assumptions）	意识不到的、深入人心的信念、知觉、思维和感觉（价值观念和行为表现的根源）

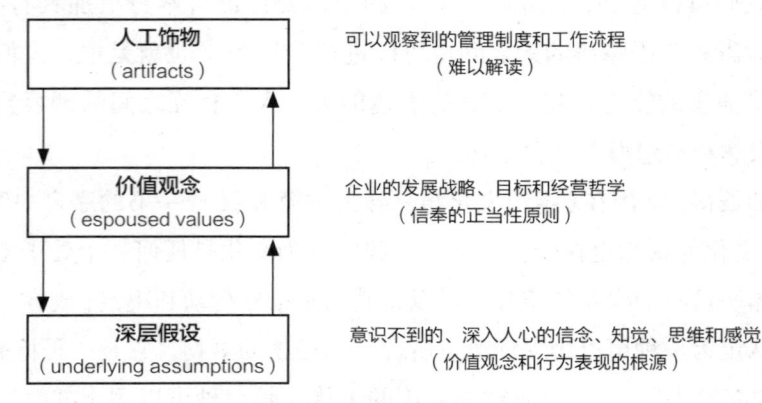

图 2　企业文化的层次

探究企业文化的"密码",核心任务在于挖掘、萃取深层的潜在假设。

企业文化根植于企业所处的民族文化之中。民族文化的深层假设会通过企业的创始人、领导者及员工的文化背景而在企业中得以体现。一家企业的成功可能有运气的成分,但往往离不开创始人前期经验的积累和判断力的形成。创始人之前的每一次尝试、每一次积累,都在为后面的厚积薄发做铺垫,如果没有之前的某些经历,他就不能提前识别机遇并抓住它。

沙因认为,过去管理学者提出的定义触及的仅仅是企业文化的表象而非其本质,隐藏在组织成员潜意识中的才是真正的组织文化。这种深层假设才是组织价值观念和行为表现的根源。组织在处理外部适应和内部整合问题的过程中经由学习而创造出了一些基本假设。这些基本假设能够发挥很好的作用,因此被认为是有效的,并进一步转化为企业文化。

从人类学家进行文化比较时所使用的一些维度来考察民族文化差异,对扩大企业的影响很有帮助。这些深层次的文化维度可能会在观察到的企业中的一些人工饰物上有所体现,但未必会体现在企业信奉的价值观里。例如,一家信奉团队合作价值观的企业,在实际运营中却不一定会遵循团队合作比个人单打独斗更好这一深层假设。具有讽刺意味的是,企业信奉的价值观往往反映的是其中最无效的领域,因为企业的实际运营遵循的是一些与之对立的默认假设。

要找到这一深层的默认假设,就必须找到企业的人工饰物与价值观之间的不一致,并进一步思考究竟是什么在驱动或决定这些可见的人工饰物和行为。

附:文化人类学者鲁思·本尼迪克特与《菊与刀》

1944年,二战即将结束,日本败局已定。摆在美国面前的有两个问题:日本会不会投降?对日本能不能用对德国的办法?为了制定战后美国对日本的大政方针,美国政府委托文化人类学家鲁思·本尼迪克特对日本进行研究。

在当时美日交战的环境下,缺乏研究的样本,也无法进行实地考察，鲁思·本尼迪克特失去了文化人类学家从事研究的两件利器。但她根据文化模式论①，运用文化人类学的方法，以被拘禁在美国战时安置营的日本人为调查对象，同时大量参阅书刊和日本文学及电影，写成了供政府决策的研究报告。她把日本文化的特征概括为"耻感文化"，认为它与西方的"罪感文化"不同，其强制力在于外部世界而不在于人的内心。她认为，日本童年教育与成人教育的非连续性，造成了日本人以菊与刀为象征的矛盾性格，即日本文化的双重性。

"菊"是日本皇室家徽，"刀"是武士文化的象征。"菊与刀"的组合，象征了日本人的矛盾性格，如爱美而又黩武、尚礼而又好斗、喜新而又顽固、服从而又不驯等。

根据本尼迪克特的观点，耻感文化的外部强制力使日本人有炫耀自己的冲动，可是很久以来，尤其是从近代以来，他们错误地选择了炫耀自己的武士道，炫耀大和民族的武力，而不是炫耀自己进行和平建设的能力。但在战败以后，他们意识到其在选择上的错误，既然靠武力获取尊敬和崇拜的路子走不通，就得改弦易辙，以和平建设的成果来赢得外国的尊重。因此，他们会心甘情愿地选择以和平建设的成就来显示民族的骄傲。

本尼迪克特的结论是：日本政府会投降，美国不应对其实行直接的统治；要保存并利用日本的原有行政机构。美国只做"设计师"，不做"执行者"。美国应该采取与对付德国不同的办法来对付日本。战争结束后，美国的决策，以及美军统帅麦克阿瑟将军的意见和这位文化人类学家的意见一致，而事实的发展也吻合了她的预料和建议。

---

① 文化模式论：是鲁思·本尼迪克特的代表作，于1934年提出。该理论吸收了勃洛尼斯拉夫·马林诺夫斯基和弗朗茨·博厄斯的整体有机联系的观点，主张根据文化发展的来龙去脉来评价文化现象。认为人类的行为方式有多种多样的可能，这种可能是无穷的。但是一个部族、一种文化在这样的无穷的可能性里，只能选择其中的一些，而这些选择有自身的社会价值取向。选择的行为方式包括对待人之生死、青春期、婚姻的方式，它们在经济、政治、社会交往等领域的各种规矩、习俗发展成风俗、礼仪，从而结合成一个部落或部族的文化模式。

作为一个没有到过日本的日本研究者，本尼迪克特做到了别人做不到的事情。她的研究的深入、她的预言的准确，连身在日本的学者都不得不为之叹服。《菊与刀》于1949年被翻译成日文，受到日本国民的极大关注。1951年，这本书被列入日本"现代教养文库"。

2. 深层假设关乎社会事实

一个人或一个群体为了达到预期目标而采取行动，除了需要限定行为边界，还需要准确把握现实和事实，掌握并遵循正确的路径、方法和策略。

在沙因的概念体系中，事实被分为如下三类。

第一，外部物质事实（external physical reality）。指那些能通过客观或西方传统的"科学"实证测试确定的事实。例如，不管一个人的肤色、信仰或者社会地位如何，只要他想要知道一个鸡蛋能否被敲碎，就可以用工具击打它，进而确认事实。

第二，社会事实（social reality）。指群体成员一致认同，但不能经外部或实证检验的事实，如人性的本质、权力的分配和整个政治过程、人生意义、意识形态、宗教、群体边界等。社会学家很早之前就指出，只要"群体内成员相信某些事物并将其界定为事实，那么在该群体中，这就是事实"。

第三，个体事实（individual reality）。指个体从自身经验中习得的事实。对个体而言，该事实就是绝对真理，但有时不被他人认同。在人际交流时，除非彼此能清楚地阐释各自实际的经验基础是什么，否则便是"公说公有理，婆说婆有理"。

文化的潜在深层假设主要关乎社会事实。因此，它又被称为主体间事实（inter-subjective reality），以区分普遍的外部物质事实和主观的个体事实。正是因为普遍且客观的检验不太可能，所以社会事实才成为判断的唯一合理基石。

从文化视角进行事实探究要义在于厘清一个群体信奉的社会事实"是什么"，以及群体成员是出于什么缘由接纳并坚定不移地相信它们，即"为什么"。社会事实虽然不能由实证检验，但也不能被视为非科学。

"评论是自由的,但事实是神圣的,"这是《卫报》传奇编辑斯科特(C. P. Scott)著名的话,"事实像鹅卵石,有了它们,我们才能铺就分析之路;事实也像马赛克瓷砖,我们将它们拼在一起,拼出过去和未来的画面。"

但是寻找事实并非易事。对于谎言遍布的社会来说,事实具有颠覆性。不丹精神领袖和政治领袖夏仲·阿旺朗杰于1651年去世后,他的大臣们至少假装了54年,称伟大的夏仲仍然活着,不过是去静修了,并且继续用他的名义颁布法令。

当今世界,新闻媒体、商业机构、娱乐行业和个人等都能从编织的谎言或者对公众的误导中获得属于自己的收益。用于寻找事实的资源往往被别有用心且更专业的人所主导,这模糊了现实和虚拟之间的界限。现在,视觉谎言已经司空见惯,只要轻轻点击鼠标便可伪造照片和拼接视频。

唯有真实的历史,才能提供真实的智慧。如果企业在早期创业中存在着一些非法行为和诚信问题,在它壮大以后,也许就会试图遮蔽这一段历史。但只要我们以坦诚的态度面向历史,回到事物本身之中,勇于检讨自己的过失和错误,一些"坏的事实"也会重新焕发出价值的光彩。无论是好的经验还是不好的教训,都可以成为构建新文化的基石。事实上,历史中的教训往往远比历史中的经验更具有价值。

3. 组织文化的来源与各阶段要点

埃德加·沙因在其著作《组织文化与领导力(第五版)》中认为,文化基本由三种来源构成。

第一,组织创立者的信念、价值观和假设。

第二,组织成员在演变过程中的学习经历。

第三,由新成员和新领导带来的信念、价值观与假设。

在这三种来源中,最重要的是第一种。沙因还认为,组织的文化和领导者一体两面,领导者在创造组织或群体的同时还创造了文化。在强调领导者与组织文化之间紧密联系的基础上,沙因在《企业文化生存与变革指南》一书中,提到了组织文化在组织处于不同的发展阶段时的不同特征。

比如，企业发展的早期最突出的文化特征就是，企业文化是由创始人提出的。创始人将想成立什么样的企业转化为企业的战略，在这个阶段企业的文化与战略几乎是一致的。

又如，当企业朝着成熟企业的目标前进时，企业可以根据自身的具体情况，采用四种手段来掌控企业文化变革的进程：自然演变、计划引导、从内部提拔"文化融合者"来管理、通过管理亚文化来协调演变。

再如，沙因也指出，到了企业的转型变革阶段，管理者首先应该把重心放在应对业务挑战上，而非单纯地为了变革文化而变革。概括而言，企业文化与两件事紧密相关：一是适应外部环境；二是实现内部的整合，以更好地适应外部环境。它们在根本上决定了企业对自身使命、目标、实现目标的方式以及组织内部的整合策略。

4. 企业文化中的人工饰物

人工饰物是组织文化最明显的层次，它是文化的初级层次，包括体系结构、语言、符号、风格、氛围、群体的传说和故事、公布的价值观、仪式和典礼、组织过程及结构化要素、观察到的管理制度和工作流程等。

人工饰物虽易观察却难解读。人工饰物是最容易观察到的文化层次，即在企业内部的所见、所闻与所感。在人工饰物这一层次上，企业文化的内容非常明确，并且具有即时的情绪影响力。但是事实上，企业员工为什么会以当前的方式行事，该企业为什么会形成现在这样的组织结构，这些问题的答案都是不明确的。要想真正理解企业文化的内涵，就必须与企业内部的人进行深入交谈，请他们解答在企业内部的所见所感方面的困惑，这就将我们对企业文化的理解引入到了一个更深的层次上。

二、组织文化是一个生态系统

文化包含着深远的含义，我们不能只寻其关键而舍其根须、枝节。我们只有以生态的观念来审视它，才不会因眼见之"大"而失其根本。

企业文化并不是价值观、愿景和使命等的简单表述，它关乎企业经营的所有方面。

"文化的概念意味着结构的稳定性、深度、广度、模式化或整合化。但我们获得作为文化关键组成部分之一的群体认同感后,它会成为我们的主要稳定理论,一般不会轻易改变……关于文化的一个基本假设是,文化是最深层次的,属于群体的无意识部分,因此,它难以触摸,不易觉察……文化基因植入越深入,稳定性越强……文化是普遍存在的,并影响组织如何处理其基础目标、组织的各种各样的环境以及组织的内部运作的所有方面……文化意味着仪式、价值观和行为被联结成为一个整体,而这种模式化或整合是我们所说的'文化'的本质。"沙因说。

从经营的角度来看,企业文化应该涉及三个方面的内容:第一,收入来源及企业所面对的社会环境,包括市场、顾客、技术和社会;第二,组织使命,企业以此凸显自身的价值;第三,完成使命的核心能力,即如何卓越地表现,并实现目标。

影响企业文化形成的因素有很多,不只局限于企业内部和所处的产业环境,企业文化与所在国家和地区的宏观环境亦紧密相连。除了企业的价值观念和文化表现,这些价值观念和文化表现背后的深层影响因素更值得我们去发掘与考量。埃德加·沙因用睡莲和水池来比喻组织文化的层次及其与环境的关系。对于种植睡莲的人而言,可能不只要关注睡莲的花与叶(人工饰物)、枝与茎(价值观念)和根须(深层假设),还需要考量整个水塘的环境:水质、其他生物、底部的淤泥以及阳光与空气。我们对待组织文化也应该具有生态的观念和发展的观念。

企业文化牵涉广泛,而其中最重要的就是文化的主体——人。

三、多中心秩序与"缄默知识"——迈克尔·波兰尼[①]的启示

迈克尔·波兰尼的第一个发现是,仅有"多中心秩序"才能解决复杂问题。

---

① 迈克尔·波兰尼(Michael Polanyi,1891—1976):英国物理化学家和哲学家,出生于匈牙利的布达佩斯。著作有《科学、信仰与社会》《自由的逻辑》《个人知识》《人之研究》《意会向度》《认知与存在》《意义》等。

多中心秩序得以高效运作的底层逻辑在于其便于实时地收集信息、反馈信息。因为在复杂的系统中，信息本身是分散的，而不是集中的。多中心秩序拥有充分的信息基础，便于知识的涌现。

任何一个复杂的经济体和大型企业，都应该是多中心秩序的组织结构，而不应是单一中心和金字塔型的组织结构。如果大型企业试图以单一中心或金字塔型的组织结构运行，那么它的指令序列将很难从上到下顺畅地传达到最底层。

人的生命系统是一个复杂的多中心结构，包括血液循环系统、神经系统、呼吸系统、淋巴系统、生殖系统。每一个中心都掌控不了别的中心，中心与中心之间通过信息交换或者分工合作的方式连接在一起。每个行业、每家企业只有把每个中心连接起来，才能组建出像飞机这样复杂的产品，没有一家金字塔型的企业可以完成从采矿到生产每一颗螺丝、最后的油漆、机翼组装的每一个步骤，它必须遵循多中心秩序，进行分工合作。每个复杂的经济体和大型企业必须是多中心秩序的，而单一中心和金字塔型其实是一种最简单、原始的组织结构，难以应对复杂的系统问题。

迈克尔·波兰尼的第二个发现就是"缄默知识"。

在日常生活中，有许多我们"用而不知"的知识。这些知识非常重要，却往往被忽视。我们知道"我能"，却往往并不知道"我何以能"。滑雪、游泳、骑自行车，都是我们的潜意识走在了意识的前面。我们的神经元在接受相关训练时，可能并没有意识到它已经形成了相关的信息存储，培养了相应的认知技能，这就是"缄默知识"。在企业经营中也存在着大量的"缄默知识"，而这些知识在不被利用的时候，我们并不知道它们的存在。计划思维者仅能关注到那些明确的、可编码的知识，那些在上传下达的过程中落实为语言或文字的知识，但缄默知识无法通过语言和文字进行传递。

迈克尔·波兰尼的这些思想，对于我们创建组织文化有如下几点启示。

第一，文化作为一个复杂的生态系统，理应以多中心秩序的范式进行建构，而非以单一中心和金字塔型进行建构。

第二，在组织建构中，我们要对职能部门进行充分授权，要创建部门之间顺畅的信息交流和合作渠道。

第三，保持对个体权益的尊重，让文化成为某种潜意识，以充分调动其潜能。

第二节　组织文化的目的、类型及共性

一、组织文化的目的

文化往往被视为一种可以利用的战略，这表明人们在使用文化战略时具有主动性。在这种层面上，文化不再是人类活动的一个自然的结果，而是一个富有目的性的人为的结果。被当作战略运用的文化，显然与人类历史中自然生发的文化有某种不同，最大的不同就是其目的性。

在诸多关于文化的讨论中，有一个明显且重要的问题始终没有被明确地提出来，那就是：文化的目的是什么？我们谈到了文化的功能和作用，但文化的功能和作用是不是文化的目的呢？

人们对这个基本问题的忽视或许出于两种理由：一是这个问题的答案浅显易见，使人不屑一问；二是这个问题模糊之处太多，难以回答。其实，任何问题都有它或深或浅、或明或暗的答案，只要我们保持追问不止、思考不止的习惯，就能找到其中的奥义。

在企业之中，文化的目的与企业的目标存在何种关系？文化的目的仅仅是实现企业的目标吗？当文化成为企业达成目标的工具时，企业的目标自然就是工具的目的。

我们已经讨论过，企业的根本目标不只是追求利润，利润是一个工具性目标和阶段性目标，企业最终的目标是——创造客户、股东、员工等利益攸关者的福祉。企业文化理应为实现企业的根本目标助力。

企业经营体现的是实践的智慧。我们眼中的企业一定是追求良善目标的企业，而不是危害社会的企业。企业因为这种良好的目的性而避免成为

剥削和伤害人的工具。企业直接地创造并让渡财富——任何商业组织都不可能通过交易只利己、不利人——从人类的历史来看，现代企业是一个与每个人都能够共生互利的组织。

此外，为了弄清文化的目的，我们可以分享一段对话。

女孩：你读书的目的是什么？是为了赚更多的钱吗？

男孩：读书并不能保证赚更多的钱。读书也许没有目的，如果一定要说有目的的话，就是塑造自己。

女孩：塑造自己？可你是那样的贫穷啊！

男孩：可是我的精神世界很富足。

女孩：噢！你的精神世界……

是啊，文化的目的是什么呢？就像问读书的目的是什么一样。企业文化构建了员工素养，塑造了员工的精神世界。企业可以视员工为自身最大的财富。这个说法很动听但又极为刺耳——财富怎么能与人本身相比呢？但我们却找不到比"财富""珍贵"等更好的词语来形容艰辛付出、兢兢业业的员工了。

所以现在我们可以认真而庄重地来回答"文化的目的是什么"。至少在企业中，企业文化的目的就是：促进企业达成最根本的目标；塑造企业员工，让他们成为这个组织期望的人。

企业文化不会与企业的根本目标相悖。对于第二个目的，存在着可以让我们继续探究的空间：企业通过文化应该将员工塑造成什么样的人？显然，任何组织对人的塑造都有可能超越自己所能掌控的界限，人毕竟是一个有自发思想和无限想象力的存在。他所成为的、显现出来的存在并不是像一部机器那样具有确定性。

就像对话中男孩读书不能被女孩视为"有用"一样，文化也并不能完全显示自身的作用。

<u>员工爱企业，企业也爱员工。文化让他们彼此成就。</u>

人是最高目的，是一切工具和技术的价值指向，文化服务于人。企业文化的最高目标就是培育员工德行，使员工能够发展各自独特的能力并为企业提供助力，最终让企业中的所有人的都能从自身的德行中受益。

二、组织文化的类型

美国组织行为专家威拉德·奎因于1988年开发了竞争性文化价值模型。该模型把企业文化指标按照"内部—外部"和"控制—灵活"两个维度进行分类，最后形成四种基本的文化类型，即团队支持型（CLAN 部落式）、灵活变革型（ADHOCRACY 临时体制式）、市场绩效型（MARKET 市场为先式）、层级规范型（HIERARCHY 等级森严式）。奎因竞争性文化价值模型如图3所示。

图3 奎因竞争性文化价值模型

下面将分别介绍四种基本的文化类型。

1. 团队支持型文化。成员在一个非常友善的场所中工作，共同分享成果，就像是一个大家庭，组织的领导通常被看作导师或家长；组织通过忠诚和传统来维系关系，成员自觉自愿地承担义务；组织强调成员的发展和长期目标，同时认为凝聚力和士气都非常重要。在这里，成功的定义是对客户的敏感度和对员工的关心程度。团队支持型文化有两个前提：一是员工最适合用团队合作和自我提升来管理；二是客户最适合用合作伙伴关系来对待。团队支持型组织其实是在建设一个人性化的工作环境，其主要目的在于给员工更大的自主权，激发他们的参与度、贡献度和忠诚度。

2. 灵活变革型文化。灵活变革型文化是动态的、创业式的并且充满创意的。有效的领导是充满想象力、创新力和以风险为导向的，使整个组织凝聚在一起的黏合剂是实验和创新的使命；重点被放在新的知识、产品和服务的领先优势上；随时准备迎接变化和新的挑战；组织的长期目标是迅速成长和获得新的资源；成功意味着拥有出独一无二的原创性产品和服务。灵活变革的一个主要目标是在不确定性存在时，培养适应性、灵活性和创造性。这些灵活变革型组织经常出现在航空航天、软件开发等领域。

3. 市场绩效型文化。它的重点就是能完成任务，以结果为导向。市场绩效型文化是一种以业绩为重点的文化，员工非常有竞争力且以目标为导向；组织的领导者是强有力的推动者、生产者和竞争者；组织的长期目标是赢得竞争；评判成功的标准是市场占有率和市场渗透能力。具有竞争力的价格和市场领导地位是组织考虑的重点，组织的风格也是强势的竞争者风格。市场绩效型文化的基本假设是：外部竞争还没有开始但充满敌对情绪，顾客非常挑剔并且在乎价值，而且管理层的目的就是提升组织的生产力、业绩和利润。例如，通用电气公司的首席执行官杰克·韦尔奇曾在20世纪80年代后期说过，如果公司的业务在市场中不是处于第一或第二的位置，那么就会被卖掉。韦尔奇在其任职期间，共买卖了超过300种业务。这是一种被高度竞争、只看结果，不给对手留机会的组织文化。

4. 层级规范型文化。人们在正规和等级森严的工作场所里按程序工作，组织靠严格的制度和政策结合在一起，维持组织的顺畅运行是至关重要的；好的协调者和高效专家被看作好的领导者；组织的长期目标是稳定和高效的生产运作；管理员工的重点是确保雇佣关系的稳定和可预见性；正式的制度和政策把组织粘合在一起；稳定、可预见和效率被看成组织长期关注的东西。典型的快餐连锁店（如麦当劳）、大型联合组织（如福特汽车公司）以及政府部门，都提供了层级规范型文化的例子。

竞争性文化价值模型认为，如果使"内部—外部""控制—灵活"组成两个维度，在这两个维度的基础上就可以派生出四个象限。如果每个象限都代表着一种文化导向，就可以把企业文化分为四个基本导向：目标导向、规则导向、支持导向、创新导向。

过程控制与灵活自主、外部发展与内部运营对于企业来说都是必要的，它们之间的关系都是相辅相成的，只是企业在不同时期对它们需要和使用的程度不同而已。每家企业的文化在同一时期都存在以上四个导向，只是在不同历史条件和阶段下呈现的各个文化导向的强弱程度不同，并且四个导向都具有相对的关联特征。

一般而言，企业文化在企业的不同发展阶段呈现出不同的导向，企业文化的发展都遵循螺旋式上升的路径——创新导向—目标导向—规则导向—支持导向—高层次的创新导向，以此来进行企业文化的演进，推动着企业管理迈向更高层次。

三、什么是好的组织文化

文化是竞争力的要素，并且形成于人类的深层假设和历史之中。即使是同一宗的文化演变，也存在高级替代低级的进步，否则就无须进行文化批判，而只需照单接受就好。对待传统的理性做法就是：择其精华，弃其糟粕。

那么，什么是好的文化呢？我们应该回归到三个基本的追问之中：文化的效用如何？是否尊重人性和人的尊严？是否符合人类的普遍规范？

文化的效用，就是指这种文化将为我们带来怎样的经济效益和社会效益。如果这种文化并不能增进经济效益和社会效益，那么这种文化就是无用的；如果这种文化不仅不能增进经济效益和社会效益，甚至所起的效果是相反的，成为一种效益增长的阻碍，那么这就是一种坏的文化，需要被抛弃。只有能够增进经济效益和社会效益的文化才值得鼓励与提倡。

文化应尊重人性和人的尊严。比如某些工厂，仅将人当作生产工具和廉价劳动力，员工每时每刻都被监管。它们的管理行为受到某种落后价值观的指引，这种文化当然是一种坏的文化。相对而言，只有从人性化角度出发，提倡人的主动性和创造性，营造健康、舒适、自由的工作环境，以及能激发人们自主、奋斗的文化，才是好的文化。

文化应符合人类的普遍规范。文化不能抱残守缺，我们不能将原始部落的茹毛饮血、多婚制和歧视女性等文化与当代文明倡导的平等、公正、自由的观念等价齐观。好的文化应该符合社会、环境和企业治理等方面的相关要求。

尊重人权不仅仅是尊重那些有权力的人，而是要使企业中的每一个人都变得更好。员工的生命、劳动力和人格属于员工自己。员工在企业中应该享有哪些权利，承担哪些义务？德国哲学家伊曼努尔·康德在其《道德形而上学基础》一书中的陈述能够给予我们某些有益的启示。关于什么是道德的最高原则和什么是自由的问题，康德思想的影响极其深远。

康德认为，道德原则不应建立在各种偏好和欲望——即使是对幸福的欲求——的基础上，每个人都值得被尊重，并不是因为我们拥有自身，而是因为我们是理性的存在，能够进行推理；我们也是意志自由的存在，能够自由地行动和选择；我们还拥有感觉快乐与痛苦的能力。总而言之，我们拥有自由的意志，既是理性的存在，也是感性的存在。理性能力与自由能力密切相关，这些能力会让我们变得独特，并使我们与动物区别开来，它们使我们不只是欲望的代名词。

在关于人的本性与后天培育在行为养成中的作用方面，存在着一些争论。康德认为，只要我们的行为被生物性或被社会规范决定，那它就不是真正的自由。自由的行动是自律的行动，自律的行动就是每个人给自己所确立的规则行动，而不是听从自己的天性或社会传统的指令。

对于企业文化建设而言，我们需要考虑的就是让文化中所包含的指令和行为规范成为员工的自觉，而非一种外加的强迫。从胖东来和阿里巴巴的企业文化中，我们都可以看到员工自律的行动。

制度可以被视为一种"不得不行的恶",因为它本身是约束人的绳索。在一个充满德行的理想社会中,美好和谐的秩序更多依赖人们良善的内心。胖东来老板于东来曾说过一句话:当文化强大到一定程度以后,制度就消失了。

"他律"[①]是让·皮亚杰提出的一个词,与自律相对应。制度本身是最为鲜明的"他律"。当然,"他律"并非仅指外加的行为规范,违背自我设定规则之外的一切行动都是"他律的行动"。我们行动的目的除非是自己给定的,否则我们的行动就是我们所给定的各种目标的工具。尊重人就意味着将人当作目的来对待,而不是当成工具。让人拥有"自律的行动"的能力,这是让员工不被工具化的唯一方法。

道理很简单。比如在如图4所示的电车难题[②]中,将那个胖子从桥上推落到轨道上以阻止电车撞向更多的人,就是把他当成工具,任何人或组织都没有权力为了多数人的利益而将一个人或少数人当成工具,否则每个人都可能在适合的情形下成为别人的工具。如果桥上的那个胖子为了拯救其他人的生命,甘愿跳下桥去阻挡电车,他的行为让他将自己的目标和自身成为工具的行为合二为一,他是为自己的目的而死,这样他就成了一个以自己为工具谋求达到目的的英雄。

[①] 狭义来说,他律指接受他人约束,接受他人的检查和监督。广义来说,他律是指本体外的行为个体或群体对本体的直接约束和控制。

[②] "电车难题"(trolley problem)是伦理学领域最为知名的思想试验之一,最早是由哲学家菲利帕·福特(Philippa Foot)在他于1967年发表的《堕胎问题和教条双重影响》论文中提出来的,被用来批判伦理哲学中的主要理论,特别是功利主义。修改版的电车难题是:你站在天桥上,看到有一台刹车损坏的电车。在轨道前方,有五个被绑在轨道上的人,他们不知道电车正向他们冲来。你想过自己跳下去,但你的重量和体型不足以让电车出轨。这时你发现一个胖子正站在你身边,他的巨大体形与重量正好可以挡住电车,让电车出轨,不至于撞上那五个人。你是应该把这个胖子从天桥上推落,以拯救另外五个人,还是应该看着电车撞上那五个人?

为救轨道上的五个人，
你会将桥上的那个胖子推下去吗？

图 4　修改版的电车难题

　　一个行为的道德价值并不在于其结果，而在于完成这一行为的意图。好的文化之所以好，正在于它能够唤起人们良好的意图。人们甘愿为共同的美好而奉献自己的美好。就像康德说的那样："好的意志之所以好，是因为它本身就好，而不是因为它达成的效果好。即使意志没有力量实现它的目的，即使它付出了最大的努力却仍然一事无成……它也像一颗珠宝一样因其自身的缘故而熠熠发光，就像那些本身就拥有完整价值的事物一样。"

　　在此，康德的思想是否与王阳明的"致良知"的思想有着某个交会点？他们如果能够穿越时空在某个场景下相遇，一定会相谈甚欢。

　　王阳明发展了《大学》中"格物致知"和《孟子》中"良知"的思想，认为"致知"就是致吾心内在的良知。这里所说的"良知"，既是道德意识，也是最高本体。他认为，良知人人具有，个个自足，是一种不假外力的内在力量；"致"本身即是兼知兼行的过程，因而也就是自觉之知与推致知行合一的过程。"致良知"也就是知行合一。

　　在企业文化建设中，企业自然理应使集体的目标与员工的目标保持一致。只有当所有员工都为自己设定的目标而行动时，才能消除其身上背负的"被工具化"的烙印。

四、强文化企业的共性

　　强文化企业拥有两个主要特征：

第一，遵守规范的自觉性（让制度淡化或消失，形成强大的道德力量）；

第二，强大的创新力和自我进化能力（激发每个人的创造力）。

华为创始人任正非曾说："华为是靠企业文化、企业精神粘合的。其关键在于它的组织方式和机制，不在于它的人才、市场、技术等。华为是有良好制约机制的集体。"

企业可以通过构建价值体系、创造英雄人物、规定礼仪和仪式以及认可文化网络的优势来塑造自己的独特身份，让自己成为一个富有文化特征的组织。

优秀的企业文化一般具有如下属性。

1. 能够被企业管理者、普通员工以及客户和社会公众所感知与共情

企业文化体现为一整套共享的观念、信念、价值和行为规则，以及在此基础上形成的共同的行为模式。企业文化的重要目标就是赢得员工的忠诚，这种忠诚应该是由衷而发的，它得益于绝大多数人的感知与共情，而不是单一的"洗脑"灌输。好的文化要融入对员工的关爱，且仅有出于内在良善的文化才容易被人们所感知与共情。只有这样的企业文化，才能够被员工所认同、信奉和遵守，员工更愿意加倍努力。

2. 有着被广泛认同的价值观和经营理念

员工认同企业的价值观和经营理念，并因此获得一种强烈的身份认同感，如此才会由衷地将自己当成企业的一员。

一个企业的价值观代表着企业的文化，也传递着企业对外部世界的期望。

价值观是一个组织的基本理念和信仰，构成了企业文化的核心。对于员工而言，价值观既界定了行为的标准，也是定义成功的标准。依照价值观行事被认为是值得鼓励的。

构建企业文化的一切努力都是为了将理念转化成员工的共同行为。企业是由一系列的文化单元组成的，在这些文化单元内部包含众多基于工作类型和共同历史形成的强有力的亚文化。只有亚文化得到认同，员工才会形成广泛的凝聚力。

3. 员工受到重视，并仰慕企业中的英雄人物

任正非说："思想权和文化权是企业最大的管理权。"

人是企业生产中的能动要素，企业购买的是员工的劳动时间，最看重的是员工的劳动绩效。这种绩效不仅与劳动时间有关，更与员工的技能、专注度和投入的精力、情感、智慧有关。

文化的经营，意味着企业需要将更多的精力投放在员工的体验上。最好的文化是使员工与企业的价值观同频，发掘员工的本心与禀赋，消除怠惰、嫉妒和不良习惯，激发他们的创造力，并将其引入与企业共赢的轨道，与企业愿景与共。

在企业中，有些英雄是天生的，而有些是公司在特殊时刻塑造出来的。每个企业都需要有学习的标杆，让人们以此为参照。企业中的英雄人物体现了企业的价值和信念，有着令人敬佩的行为或成就。

4. 注重礼仪与仪式

人们选择一家企业，其实也就选择了一种生活方式。企业文化会以一种有力而又微妙的方式塑造他们的行为。

礼仪和仪式是企业日常生活中系统化和程序化的惯例。礼仪即企业的日常表现，它向员工表明企业期望的行为方式是什么。而企业也会通过仪式，生动有力地提供企业支持和赞赏的范例。特伦斯·迪尔在《企业文化：企业生活中的礼仪与仪式》一书中说："如果缺乏富有表现力的事件，任何企业文化都会消亡。没有了仪式和庆典，那些重要的价值观就难以对人们产生影响。"

PART 2

第二部分

如何塑造文化竞争力

我们认为，企业文化竞争力是企业赢得未来竞争的关键，那么，企业文化竞争力应该如何挖掘、创建或打造呢？

首先，唯有从企业自身的历史和独特理念出发建设的文化，才难以为竞争者所模仿。每家企业都拥有自己独特的历史，这些历史蕴含着值得挖掘的理念和企业家的开创精神。无论企业经历过怎样的坎坷，其中的经验和教训都值得总结，并成为企业未来发展的指引。

其次，文化竞争力也蕴藏在企业的资源禀赋和意愿之中。由于每家企业所处的行业、自身资源禀赋和企业决策者的意愿不同，因此企业需要从自身的现实出发，洞察市场中的机遇，优化组织结构，建立高效的运行机制，并从关键产品或服务入手，凸显可持续的创新活力。因此，文化竞争力需要在企业所处的环境和资源禀赋中得到激活。

最后，文化竞争力不仅存在于内部，更重要的是彰显、弘扬于外部。高额的利润往往来源于企业的先发优势和鲜明的差异性。影响力向外扩张可以产生价值的杠杆效应。因此，在形象传播和品牌营销中，文化竞争力显得尤为重要。这需要基于对宏观文化和受众的洞察，需要拥有更广泛的视角和更灵活的创新表达能力。

企业的文化竞争力主要体现于团队的协同性、创新的可持续性和影响力三个方面。如何在这三个方面进行文化创建，是值得每家企业深入探讨的重要课题。

第四章　聚焦协同性，塑造高效团队

一个真正的完整意义上的企业应该有健全的组织结构，就像一个健康的人拥有五脏六腑等各具功能的组织器官一样。企业的员工能够受到公正、平等的对待，知道自己的职责和从事的工作内容，并明白这些工作的结果应该是什么，而不是仅仅听从某位长官的号令。

因此，塑造企业文化竞争力的第一步，就是塑造真实有效的团队。让企业中的每个人都能够更好地发挥自己的作用，并使每个人的努力聚焦企业所追求的根本目标和方向。对于企业创始人而言，他肩负着两项基本责任。一是在企业发展到一定的规模以后，他需要组建一个能够很快发挥作用的管理团队。如果企业业务两三年翻一番，他就必须为企业的规模增长颇具前瞻性地配置人才。二是为了管理不断壮大的企业员工队伍，他需要完成组织形式、制度和企业文化的建构，以保证这个逐渐扩大的团队能够产生协同性。

要创建具有协同性的高效团队，我们需要对人际关系本身有所认识，并对一个团队的形成过程和目标有所了解，从而找到自己的着力点。

第一节　关于人际关系的假设

埃德加·沙因认为，每种文化的核心都是对为了确保团队安全、舒适、富有成效、个体彼此联系和相处的正确方式的假设。一旦这种假设没有被广泛接纳，我们就会认为这是无政府状态或者范式丧失。这套假设创造的规范和行为规则主要处理以下两个核心问题：一个是上下级之间的关系以及个人与群体之间的关系；另一个是同级同事和团队成员、同伴之间的关系。

这些规则让每个人了解到自己在组织结构中的位置，并理解什么是恰当的行为。在大多数文化中，可以根据人际关系亲密程度的不同，将社会关系分为四个层级。社会关系的四个层级如表 2 所示。

表 2　社会关系的四个层级

社会关系层级	示例	说明
层级 –1 无关系或消极关系	囚犯、战俘、奴隶……有时候，在迥异的文化或被认为是野蛮和孱弱文化中的人，以及非常情绪化的人、受害者或带有行为不良标记的人	在某些团队内存在着一种紧张关系。当然，我们可以选择和这个类别的人建立关系。但是，我们对他们没有信任和对开放关系的期待
层级 1 交易角色关系	大街上的陌生人、在火车和飞机上遇到的伙伴，以及为我们提供服务的人，他们的行为受到文化中角色定义的支配，对我们保持着约定俗成的礼仪客套	相互间不认识，但视对方为可信任的人，相信其不会伤害自己，但也不会在交谈中对其保持开放态度
层级 2 工作关系/同学关系	非正式的友谊，通过共同工作或者教育经历而认识的人	这种关系意味着更深层次的信任和开放：互相承诺并遵守承诺；同意不损害对方或我方已同意的；同意不相互说谎或隐瞒与工作任务相关的信息
层级 3 亲密关系	涉及更强烈的积极情绪的关系，建立友谊	信任比层级 2 更进一步，因为参与者不仅不互相伤害，而且认为他们会在可能或需要时积极地支持对方，关系更加开放

事实上，在某些社会中，人们对陌生人缺乏基本的信任，因此常常带有提防的心理；而在另外一些有着良好人际关系的社会，人们会对陌生人更加信任并保持更开放的态度。

这些关系层级之间的界限由国家、宗教和种族而定，但每个宏观的社会文化都有一些宽泛的版本。与其所在的社会宏观文化相互作用时，理解情境适宜性的规则显得尤为重要。当某个以行动为导向的国家的人来到以人情为导向的国家中时，他们在处理同一项工作时，所采取的层级关系是不同的。在某个国家可以以正常的工作关系解决的问题，在另一个国家则需要以非正常的亲密关系加以解决，以公开透明的程序反而会增加解决问题的难度。如美国的管理人员到其他国家或地区谈公务之前，双方需要先有一个非正式的会面，以期待在层级 2 的关系上解决他认为属于层级 1 关系中的问题。

多元文化情境的基本问题在于，在每个宏观文化下的成员都可能对"他人"抱有偏见,将对"他人"的理解建立在自身文化"正确"的基础上。也就是说,多元文化组织和团队共同合作,将面临更大的文化挑战。

为了拥有与其他文化的人一起工作的能力,个体需要培养四种能力:对所涉及的其他文化有所了解;具有文化敏感度和文化警觉;抱有同理心,学习其他文化的动因;富有理解力,学习新的行为方式,拥有沟通技能和灵活性。

第二节 高效团队的形成与特征

一个新团队的诞生,必然意味着一种团队文化的诞生。那么,文化是如何在一个新群体中形成的呢?群体动力学理论[①]可以帮助我们更好地理解文化。正如个性和性格是个体的特征一样,文化最终表现为一个群体的特征。

企业创始人一般都有关于团队应该如何发挥作用的想法,他们一般会选择那些与他有着一样思考方式的人作为同事和下属。如果领导者仅从个人的感性出发,而不能理性地认识团队中成员的真实关系,那么这样的团队可能仅是一个表面和谐但不具有高效实战力的团队。

一、团队文化的形成过程与阶段性任务

借鉴新团队文化的形成模型,我们可以了解企业创始人应该如何进行团队文化的创建。让每个成员明白每个人的角色和职能,以及在新的团队中如何基于专业需要发挥每个人的权威和影响力,这对创建和谐而高效的团队显得尤为重要。

在一个新团队中,人与人的关系会经历一个从陌生到熟悉、从无序到

[①] 群体动力学理论由库尔特·卢因(Kurt Lewin)提出。该理论认为,一个人的行为(B),是个体内在需要(P)和环境外力(E)相互作用的结果,可以用函数式 B=f(P,E) 来表示。所谓群体动力学理论,就是要论述群体中的各种力量对个体的作用和影响。后来,沃伦·本尼斯和赫伯特·谢帕德总结了群体进化阶段的模型,盖伊·塔奇曼将其诗意地描述为形成、冲突、规范和表现。

有序的自然演进的过程。因此，团队领导者应该意识到自己需要处理的相关问题。新团队文化的形成模型如图 5 所示。

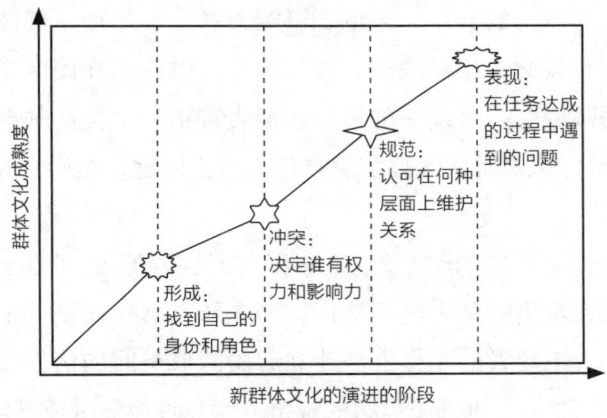

图 5　新团队文化的形成模型

第一阶段，对于成员而言，就是找到自己的身份和角色；对于领导者而言，则在于建立起共享的愿景和全局观。

一般而言，团队是出于某种目的而集合起来的人群，一般都有召集人、领导者或创始人。在这样的新群体中，成员会自动面临三个基本问题。

第一，成员的身份和角色的问题：在这个群体里我是谁？

第二，群体中的权威和影响力问题：谁将控制这个群体，我自己的影响力需求是否会得到满足？

第三，成员建立与其他人的关系的问题：我将如何以及在哪个层面上与这个群体的其他成员互动？

团队的领导者应该对每个成员的个性和专长有所了解，并为促进成员间相互了解而做一些互动性安排。

在此阶段，领导者的重要工作在于为团队建立起共有的愿景和全局观。让团队成员能够从全局、长远的角度看待组织发展，从而协调好自我目标和组织目标的关系，保持对内对外的敏锐观察力，进而调整方向，使其与组织目标保持一致。

第二阶段，团队成员寻求彼此间的"亲密关系"；领导者要建立明晰的激励机制，给予每个人成长空间。

为了厘清群体中的身份、角色、影响力和个性特征，群体成员会或含蓄或明确地面对彼此，相互试探。领导者要树立自己在团队中的权威，就需要让整个团队拥有一个统一的目标，但直接给一个全新的群体分配一项任务是不明智的：成员首先需要解决自己的身份问题，然后再关注需要承担的任务。

于是，重点就落在"谁是领导"以及"如何领导"的问题上。因为人们往往不会明确表示出对某人的不信任，一个新团队往往是一个充满假定和幻想的团队，而领导者的工作就是建立起团队成员间的信任。这种信任既基于成员各自的能力，也基于组织的规范。领导者应促进成员间形成"亲密关系"，并让大家知悉并认同组织规范。

在此阶段，领导者应该建立起明晰的激励机制，给予每个人成长空间。明晰的激励机制和上升空间能够给予团队成员成长的动力。开放透明的组织文化、沟通方式、信息共享和绩效评估等对成员的个人成长至关重要。

第三阶段，建立严谨的规范和清晰的流程，让成员明白该如何维护关系。

在团队成员的相互交往中，成员间彼此的了解日渐增多，一些行为规范会逐渐建立，成员间的关系层级也会发生变化，一种新的团队文化会逐渐形成。

团队领导者需要明确指出每个人独特的技能和组织需求，让大家认识到团队力量的多样化。组织中的成员是相互需要和相互支持的，理性的需要由此取代情感上的"彼此喜欢"。因呼应需求而产生亲密关系，将第三阶段的工作关系推进到第四阶段。

在此阶段，领导者的主要工作在于建立起规范和流程。高效团队都有使团队高效运行的工作流程以及政策，应保证团队成员遵循规则与程序，使事情有据可查，降低决策风险。

第四阶段，成员不只为了完成自己的任务，同时还会为同伴创造便利，并在别人遇到问题时，以积极的态度协助解决；领导者应该提供团队共赢共享的机制保障。

只有到达第四阶段，该团队才能真正利用资源高效地工作，这样才会促进个人和团队的共同进步，从而走向卓越。

在此阶段，领导者应该注重团队的协作能力，并提供共赢共享的机制保障。高效的团队注重成员的协作，使所有团队成员都能够从团队的成功之中分享到成果。共赢共享的机制保障能够让团队即使面临危机，成员之间也会随时补位、紧密合作、相互成就，可以让团队产生持久的凝聚力。

二、高效团队的三个特征

任何时候团队都是企业背后最好的支撑。好的战略和雄厚的资源实力要想发挥作用，最终都离不开团队的运作。而一个高效团队具有三个基本特征：开放的沟通、任务型组织和成员的自我驱动。

1. 开放的沟通。开放的沟通能够破除顽固的企业沟通边界，实现信息共享，让员工参与到决策中来，从而迅速发现问题并及时做出回应。只有平等而充分地讨论问题，才能集思广益，寻得最佳的解决方案。优秀的团队往往是无边界组织，成员勇于试错，并不断取得突破。

2. 建立任务型组织。任务型组织意味着共同的目标和明确的职责，成员愿意为团队目标做出承诺，他们清晰地知道自己所做的每一项工作的意义和作用；统一的目标意味着他们奉行着相同或相似的价值观，这也是能够将成员凝聚起来的前提，从而使团队不会因事务和方法的争执而分裂。

3. 成员的自我驱动。人的创造力来源于自己，外部力量难以唤起内心的自觉。成员的自我驱动，意味着团队领导的放权，这证明了领导力的强大。领导的关键作用在于创建任务、激励团队、把握重点以及总揽全局；在于有建设性地指出问题，为团队注入使命感，并帮助团队养成好习惯；这也意味着对成员的尊重和信任，从而调动每个成员的积极性。

第三节　团队的价值观、愿景和制度规范

共同的价值观、愿景和相应的制度规范，是保证团队协同性和高效能的基础。

在团队中，如果创始人的价值观和愿景被团队接纳，那么文化就会顺势生存并发展。如果领导者的价值观和愿景没有被接纳，那么就可以宣告"领导力失败"。

创始人最初的想法通常对团队最初的界定以及解决外部适应和内部整合问题有重大影响。他们往往拥有高度的自信心和决心，当新生的团队为生存而战时，他们会自然地对合作伙伴和员工灌输自己的初始观念，甚至会坚持到自己退休或者团队失败。而一个不能知变善变的领导者，既可能是团队之福，也可能是团队之祸，关键看其坚守的价值观和信念是否真正合乎未来的需要。

一、从现实与理性出发

在萃取价值观和核心理念时，应该抛弃那些大而不当的概念，回到企业自身，从自身出发，从现实出发，从常情和常识出发，去理解这个世界。就像埃德蒙德·胡塞尔提出的口号："回到事物本身！"任何企业都不应脱离自己的真实情况，而仅从概念上去思考企业的价值观、核心理念和文化上的问题。

此外，从宏观文化中萃取的那些被我们真诚信仰的东西，必须经过理性认知的净化。在纷繁复杂且自相矛盾的文化结构里，我们需要重新建立一个经得起推敲的文化评价体系，打造出富有竞争力的文化，并为表达这种文化争取值得信赖的空间与机会。

如今，人们对某些原本美好的概念缺乏信任，不是因为这些概念不再美好，而是因为它们已经被误导和滥用。

世界上最大的"殖民者"正是人类的大脑。我们只有保持自由思考和独

立判断的能力才可能抵御它的"殖民"。人们往往抵触针对自己的批判意见，这体现为理性的欠缺，不理性的情绪会成为一些人的牟利工具。而企业应该作为一个理性的主体，利用理性的批判去创造利润。

企业的价值观需要经过理性的审视，不能刻意迎合市场中浮动的情绪。那些在市场中利用人们偏激情绪赢利的企业，最终会失去忠诚持久的理性客户。

二、制定伦理准则，建立行为规范

道德伦理标准不同于企业中其他的价值观和信念，它明确了哪些是优先行为的指导原则，哪些是"不容越雷池一步"的规则。宣告了一套伦理标准以后，管理者的责任就是保证这些标准被编织进文化结构。

每个员工都有自己的个人信念，会依照自己对企业价值观的理解来行事。为了让共享的信念能够始终成为员工的行为指导，管理者的工作就是强化这种信念并清楚地告诉大家：如果个人的行为不符合企业的价值观，其后果会是什么。

企业文化并非仅仅包括企业的价值观、愿景和目标等方面的内容，也不只体现为企业的战略决策和对关键事务的处理上，还体现为鲜活的个人，体现于人与人的交流与合作，体现为对客户的态度、员工彼此间的交往，以及在对细微事情的处理上。也就是说，文化并不是永久定型的，而是始终存在于动态的变化过程中的。文化也正因其鲜活的特征而拥有竞争力。

只有当价值观和信念每天都是鲜活的，它才会变得真实。因此，管理者自身需要言行一致，说到做到。企业文化要求做到"内化于心、外化于行、固化于制、物化于境"，即主要着力于人心、行为、制度、环境四个方面。我们来看看阿里巴巴对"阿里味"的塑造。

阿里巴巴的每一条价值观都被细化为管理者和员工的行为准则，让大家知道哪些是必为、哪些是必不为，以及红线在哪里，一旦触碰红线，就会遭到严罚。"六脉神剑"及对应的规则如表3所示。

表3 "六脉神剑"及对应的行为规范

"六脉神剑"价值观	行为规范
客户第一 （客户是衣食父母）	尊重他人，随时随地维护阿里巴巴形象； 微笑面对投诉和受到的委屈，积极主动地在工作中为客户解决问题； 在与客户交流过程中，即使不是自己的责任，也不推诿； 站在客户的立场思考问题，在坚持原则的基础上，最终让客户和公司都满意； 具有超前服务意识，防患于未然
团队合作 （共享共担，平凡人做非凡事）	积极融入团队，乐于接受同事的帮助，配合团队完成工作； 决策前积极发表建设性意见，充分参与团队讨论，决策后无论个人是否有异议，都必须从言行上完全予以支持； 积极主动分享业务知识和经验； 主动给予同事必要的帮助； 善于利用团队的力量解决问题和困难； 善于和不同类型的同事合作，不将个人喜好纳入工作，充分体现"对事不对人"的原则； 有主人翁意识，积极正面地影响团队，改善团队士气和氛围
拥抱变化 （迎接变化，勇于创新）	适应公司的日常变化，不抱怨； 面对变化，理性对待，充分沟通，诚意配合； 对因变化产生的困难和挫折，能自我调整，并正面影响和带动同事； 在工作中有前瞻意识，建立新方法、新思路； 创造变化，并带来绩效的突破性提高
诚信 （诚实正直，言行坦荡）	诚实正直，表里如一； 通过正确的渠道和流程，准确表达自己的观点； 在表达批评意见的同时能提出相应建议，直言不讳； 不传播未经证实的消息，不在背后不负责任地议论事和人，并能正面引导，对于任何意见和反馈"有则改之，无则加勉"； 勇于承认错误，敢于承担责任，并及时改正； 对损害公司利益的不诚信行为正确有效地制止
激情 （乐观向上，永不放弃）	喜欢自己的工作，认同阿里巴巴企业文化； 热爱阿里巴巴，顾全大局，不计较个人得失； 以积极乐观的心态面对日常工作，碰到困难和挫折的时候永不放弃，不断自我激励，努力提升业绩； 始终以乐观主义的精神和必胜的信念，影响并带动同事和团队； 不断设定更高的目标，今天的最好表现是明天的最低要求
敬业 （专业执着，精益求精）	今天的事不推到明天，上班时间只做与工作有关的事情； 遵循必要的工作流程，没有因工作失职而造成的重复性错误； 持续学习，自我完善，做事时以结果为导向； 能根据轻重缓急来正确安排工作优先级，做正确的事； 遵循但不拘泥于工作流程，化繁为简，用较小的投入获得较大的工作成果

三、让制度与文化共生共融

没有正确的理念，就没有正确的方法；没有正确的价值观指引，也就不会有真正良好的制度。就像法律从来不是乐观主义而是现实主义的体现一样，制度的存在也正是基于人性幽暗的现实。那些限制我们的方面，同样也让我们与世界产生了联系，给予了我们行动和感知的机会——在一个人性并不完美的现实世界，制度的存在实为必然。

对企业而言，文化就是在经营过程中渐渐形成与发展起来的、以价值观念和思维方式为核心生成并外化的企业行为规范、道德准则、风俗习惯和传统文化的有机统一。

从理念认同到行为自觉，企业除了要建立和完善制度体系，还要将价值观转化为员工行为规范，明确哪些行为是企业提倡和鼓励的，哪些行为是企业反对和禁止的。

建立行为规范，可以从价值观出发，将核心价值观置于员工的工作场景中进行演绎，从而得出系统的行为要求；也可以通过对现实工作中出现的典型问题和不良行为加以归纳，进行纠正和规范，制定禁止条例。

当制度成为员工自己遵守的规范时，制度就消融于文化之中。这时，文化将取代制度，自发地成为人们行为的指导，使每个人"随心所欲而不逾矩"，从而形成一种更加和谐共融的自发秩序，而不再是人为设计并依靠强力维持的秩序。所以，胖东来创始人于东来说："当文化强大到一定程度的时候，制度就消失了。"

1. 制度应清楚地传达赞同什么、反对什么

制度是有灵魂的。它彰显着企业的价值观，清晰地传达出企业赞同什么、反对什么，引导和规范员工的行为。

文化理念是制度建立的导向。同时，也需要建立系统的制度来保障企业文化落实。一家企业的发展既要有章可循、合规管理，又要开放自由、富有创新，它的优秀之处正体现于制度与文化两个方面。企业在权衡自身发展现状和外部环境，不断更新文化理念的同时，也要同步改革和优化企

业制度，用制度来维护企业价值观，实现文化发展与制度建设的相互促进。

要实现文化发展与制度建设的相互促进，就要理解文化与制度的关系，避免文化理念与制度之间存在冲突，并依托管理制度使企业文化得以落地和强化，让制度与文化相融共生。

强文化让企业变得生机盎然，呈现出一种无形而强大的内生力。从下文德胜（苏州）洋楼有限公司的案例中，我们可以看到制度的边界变得模糊，而文化的疆域变得宽广而清晰。员工的行为不再依靠制度来约束，而更多依靠员工的自我驱动和自我管理。从工作场所的众多细节来看，无数细微的创新举措也正是员工积极性和创造力的体现。

在德胜洋楼，员工无论是公事还是私事都可以使用公司的汽车。借车时员工仅需要出示驾驶证和员工胸牌，还车后填写一个单子，在单子上记下用了什么车、用车时间和行驶里程。如果是出于私人原因用车，一个月以后财务人员会根据单子扣钱（苏州市内用车20元一次）。公司并无专职司机，如果公司需要接送客人，则由员工主动报名，谁有时间谁就可以开车去接送。很多事情都是由员工主动去干的。关于账目报销，无论数额多大，公司都没有审核和主管签字，在出纳员的桌子上放一块牌子，牌子上有这样几行字："你现在所报销的费用必须严格遵守财务制度，必须确认你这个事情是真实发生的，而且数据准确无误。如果有虚构成分，将成为你一生的污点。"出纳员会将牌子上的字念一遍，报销人听完后，决定报不报销。员工不仅可以在公司食堂免费就餐，还可以为家人带饭，但需要在食堂的白板上写下来，几月几日从食堂拿了几份饭。日用品也是如此，员工可以自由免费领取，公司仅做登记。公司备有100多把雨伞供员工使用，要求使用之后归还原处，3年竟然没有丢失一把伞。

2. 避免文化理念与制度之间的冲突

如果在文化和核心价值体系上倡导团队合作，而在绩效考核制度上又倡导末位淘汰制，这就造成了文化理念与制度之间的冲突，会让员工彼此成为竞争对手，造成同事之间关系紧张。

企业应根据不同的发展阶段有所侧重，并进行相应的制度变革。在现实中，很多管理者热衷体现自身权力和威望，喜欢发号施令，而忽视员工的意见和建议。但一个人的智慧和精力总是有限的，只有通过民主管理，充分发挥员工的积极性、主动性和创造性，才能让企业更轻松地解决所遇到的问题，才能保证企业整体的健康和可持续发展。

在建立和完善管理制度的过程中，企业应全面导入员工参与机制，广泛采集员工的意见和建议，这样才能确保最终构建的制度体系既能与文化融合，又能得到员工的认同和遵守。

因此，在适当的条件下，企业应该鼓励员工积极参与企业文化的建设和管理制度的完善，保障员工的发言权，满足员工的社会需要和自我实现需要，进而提升员工的归属感、忠诚度和工作积极性。员工参与制度制定，正是践行文化价值观的体现，可以让企业产生巨大的向心力。

在字节跳动的价值观中，最核心的就是"坦诚清晰"，字节跳动通过信息的高效流动来创造价值，推崇"直入主题的问与答"。员工可以在线上和线下畅所欲言，提出自己对公司的意见和建议。对所有问题都充分讨论后，再进行决策。可以说，正是因为拥有这种文化，字节跳动才获得了迅猛的发展。

第五章　倾心持续创新，塑造体系之能

企业的体系之能主要体现于两个方面：一是技术与产品的创新能力；二是组织管理与营销模式对外部环境的适应能力。这两者都可以被归结为培育和运用优势人力资源的问题，即强大的企业文化和文化本身的内外适应性。

创新总是围绕"发现问题—寻找解决方案"进行。创新能力，一方面来源于对所处环境的洞察和对趋势的研判（发现问题），另一方面来源于对未来的想象（寻找解决方案）。持续的创新力，意味着对资源和时间的持续投入，以及长期保持组织活力。只有具备以上条件，企业才有可能进入可持续的创新通道之中，并让创新能力与组织文化交融递进，形成体系之能。

而文化和体系的优越性也正在于其产生的动力能不停地推动自身发展。在这种文化中，新产品、新技术会变成旧产品、旧技术，取而代之的是更符合人们内心期待的产品和技术。这就需要我们打破僵化的意识形态，更新自己、学习新的经验，以面对未知的世界。这就是约瑟夫·熊彼特[1]所说的创造性破坏（creative destruction）和企业家的本质是创新的含义。

在熊彼特看来，创新活动之所以发生，是因为企业家具有创新精神。创新是一种革命性的变化。创新必须能够创造出新的价值。

在历史的长河中，颠覆性的创新与变革只有一次。关键在于，有人颇具前瞻性地看到了这个历史机遇，并且紧紧地把握了这个机遇。他们的经历造就了他们的洞察力。

无论是时代的机遇碰到了有准备的人，还是有准备的人把握了自身的机遇，企业基业长青并不是依靠一次性创新，而是要拥有持续创新的体系

---

[1] 约瑟夫·熊彼特（Joseph Schumpeter，1883—1950）：美国政治经济学家，被誉为创新理论的鼻祖。1912年出版了《经济发展理论》一书，提出了创新及其在经济发展中的作用，轰动了当时的西方经济学界。被誉为"现代企业管理学之父"的彼得·德鲁克承认其深受熊彼特的影响。

第五章　倾心持续创新，塑造体系之能

之能，而这种体系之能也正与其文化相依相存。

当下即为历史，历史也即为当下，然而人们憧憬的是未来。索尔·贝娄[1]说："当胆怯的智慧还在犹豫时，勇敢的无知已经行动了。"这是在提醒那些智慧的胆怯者，应该把自己睿智的思考化解在具体的行动当中。"少些动容，多些投入"，让文化形成，并让文化催生持续创新之能，从而使企业保持活力。在此，我们需要关注文化的生成与发展，并充分发掘其潜能。

第一节　创新原动力的产生

就像爱因斯坦看出了牛顿体系的破绽，创新本身就是对已有边界的突破。创新意味着，人类拥有的智慧本能是人类本性中最原始、最强烈的一部分。创新表现为某种破坏，体现为人们对幸福和更广阔天地的追求。创造力表现为自由的想象、独立的思想和自我训练，以及不断尝试的韧性。就像居里夫人那样，经过无数次实验，在一个幽深的夜晚，她拖着困顿疲倦的身体，突然轻轻地说道："我看到了它——那个微小发光的金属体。"

企业中的创新能力是如何产生的呢？

它来源于对产业环境的洞察、对现实的不满和对崭新未来的渴望，来源于个体恢宏的想象力和甘冒风险的勇气，来源于组织的激励和成员间的协作，来源于组织或个人在时间、精力和资金方面的投入……

组织文化中蕴含着激励创新的道德力量和历史责任感。组织文化应该包容成员的创新性思想，吸纳非凡的个人洞见，而不应囿于狭隘观念的牢笼。组织文化应该为成员发展自身天赋提供可能性，对成员的创新要求给予满足，并具有适度的容错性。富有创造力的企业对创新抱有极大的兴趣和极高的期待，鼓励人们提出任何问题，而不是做某种意识形态和既定规

---

[1] 索尔·贝娄（Saul Bellow，1915—2005），美国作家，被称为美国当代文学发言人。1976年，贝娄获得普利策小说奖，同年获得诺贝尔文学奖，颁奖词指出：索尔·贝娄"把丰富多彩的流浪汉小说与对当代文化的精妙分析结合在一起"。1977年，贝娄获美国文学艺术院金质奖章。其代表作有《晃来晃去的人》《赫索格》《洪堡的礼物》等。

范的囚徒。

组织文化体现了整个组织的意志和视野。具有创新性的组织必然由创新的意识形态所引领，组织文化中具有激发成员创新的基因，只有开放的组织文化才能催生持续而伟大的创造力。

我们必须从"人性发展"的高度来看组织文化，并包容各种观念和思想。人们必须在重复的工作中发挥自己的创造性，这样工作才会有意义。就像马克思在《共产党宣言》中所提到的那样："每个人的自由发展是一切人的自由发展的条件。"那是一种人性全然的自由。它要求组织本身不断学习和成长，秉持现代思想，摆脱传统的束缚，走向时代的巅峰。

我们有理由说，创新的原动力来源于创新性的组织文化，而组织文化本身也需要创新，可以说企业的创新能力与组织文化的活力同源。我们不能期待在一个封闭、僵死的文化体系之中，能够拥有持续而强大的创新能力。因此，我们需要在文化创建过程中培育、保护、激发组织的创新能力。创新的组织文化具有鼓励质疑精神、异质思维、敢担风险和勇于探索的特征。自由、开放、善于学习的组织文化才是适合创新能力发展的土壤。

此外，企业不仅是有形产品和服务的提供者，通常也是知识的创造者。在知识经济时代，众多的新知识、新技术都来源于企业。正如野中郁次郎[①]所言："最有价值的知识不是从别人那里获得的，而是我们自己创造的。"

野中郁次郎认为，创新通常来自创新者个人的信念。这些信念是他们对世界的看法，随后他们将主观观点转换成客观语言，并努力争取所处组织的认同，最后才将概念转化成具体产品。在这个时代，创新就是要想办法使组织内部的有关知识和经验与这个时代连接、匹配。

故而，每家企业都应该将创新列为使命与愿景。创新不仅仅是产品和商业模式的创新，也包括经营管理能力的创新，即企业体系和文化的创新。

总而言之，创新性组织的性质和特征在于，组织是成员创新的推动者，

[①] 野中郁次郎 1958 年毕业于日本早稻田大学电机系，随后进入日本富士电机制造公司，之后在美国加州大学伯克利分校深造。代表作有《创造知识的企业》《创新的本质》等。

不会以统一的行为和思想阻碍人们的理性质疑和大胆想象；创新性组织是自由思想的捍卫者，不会让成员变成僵化体制的"奴隶"，不会对创新者施以制度性威胁；创新性组织会以极具温度和柔性的文化，取代硬性的法规；创新性组织会尽力承担创新成本，而不会因某些创新失败而阻止成员继续创新；创新性组织会与创新者共享成果，而非仅仅将创新成果据为己有；创新性组织坚守的最为重要的理念就是开放与学习。

第二节　伴随产品创新的文化创新

创新往往从产品开始，进而过渡到组织、管理和文化层面。熊彼特则认为，从经济学和创业的角度来说，创新就是对市场中的新、旧元素进行精心整合与激活并创造出新事物。

像一粒沙子在牡蛎中转变成珍珠，企业的成长总要经历从无到有、从小到大的过程，企业文化也是在企业的发展过程中逐步孕育和发展起来的。松下幸之助在谈到治理时曾说："当公司员工在 100 人时，我必须站在员工的最前面，身先士卒，发号施令；当员工增至 1000 人时，我必须站在员工的中间，恳求员工鼎力相助；当员工达到 1 万人时，我只需站在员工的后面，心存感激即可；如果员工增至 5 万~10 万人时，除了心存感激，我还必须双手合十，以拜佛的虔诚之心来领导他们。"

松下幸之助所言，正是在发展过程中创始人自身角色的转换：看到个人的局限，懂得知变应变，顺势而为。

埃德加·沙因在《组织文化与领导力（第五版）》一书中指出，企业文化涉及"人"和"管理人"的问题，也涉及团队精神和奖励系统的问题。随着时间的推移，涉及企业的核心结构、基本使命和战略目标的文化内容都会逐渐形成。而如果置企业文化于不顾，试图去改变其他方面，最后就只能徒劳无获。

每一家企业都必须就其最终的生存问题达成共享的概念。这种共享的概念涉及股东、员工、客户、供应商以及政府和企业所在的社区，它们共同构成了企业生存或获得成功必须具备的环境。

一、关于创新机遇

人天生排斥风险，所以创新很难。

创新不一定基于产品与技术，那些能给别人和自己带来价值的新事物，都可以被称为创新。

创新是否能够取得真正的成果，取决于能否有效处理风险，形成势能。

彼得·德鲁克在《创新与企业家精神》一书中，提出了七大引发创新的机遇，具体内容如下。

1. 意外的发现，如用户的反馈、市场新需求等。

2. 不协调的现象，如市场需求与供给、实际与期待的差异。

3. 流程的需求，如现有流程烦琐或者薄弱与缺失。

4. 产业结构的变化，产业结构出现变化的时期，是创新战略的窗口期。

5. 消费者群体的变化，如人口老龄化和新生代消费者的出现，将带来创新机遇。

6. 意识形态的变迁，如健康意识、生活方式、个体权益等认知上的变化，会催生全新的市场需求，从而为创新带来机遇。

7. 新知识、新科技的诞生，如移动互联网、大数据、AI、生物基因工程等新知识、新科技的出现，为企业创新带来新的机遇。

二、文化形态在不同阶段的不同要求

任何一家企业都会经历从创业、发展到成熟的三个阶段，与此同时，企业的文化形态在各个阶段也有所不同。

1. 创业期的文化形态

此时，企业的焦点问题是生存，产品、顾客、销售、获利成为这个时期的关键词，创业者及其团队往往也将精力集中在这些问题上：打造怎样的产品并保持产品的品质？如何寻找目标的顾客？如何有效地销售并获利？

此时，企业管理主要依赖创始人的个人魅力和团队成员的信任与默契。创始人以个人的价值观、梦想和行为习惯感染着团队，企业文化的建立仰仗于创始人的模范带头作用。而创业期的文化形态对企业的未来发展有着举足轻重的影响，甚至成为企业最核心和最基础的部分。在此阶段，对于企业而言，一切都是新的，企业本身也在探索之中，企业的关键任务在于找到稳定的业务和组织模式。

2. 发展期的文化形态

当企业规模不断扩大，人员数量越来越多时，企业难以再靠创始人的个人魅力和影响力来管理和协调团队。此时，有了相对稳定的顾客和市场，企业内部的事务日渐繁杂，如果缺乏规范和制度，就会产生诸多混乱和争议。此时就需要拥有明确的目标和行为规范，因此制度建设和文化建设就显得尤为迫切。同时，企业需要关注市场变化，在巩固既有成果的同时，注重对创新能力的培养。

3. 成熟期的文化形态

此刻，企业组织职能完备，拥有健全的规章制度，各项工作都能够平稳有序地展开，企业文化得到员工的广泛认同。但既往的成功经验容易导致观念的固化，企业需要对此保持警惕，同时还需要警惕官僚主义。需要将创新能力视为组织文化的重中之重，通过产品和技术的迭代、引进人才和组织模式的更新来保障组织文化的活力并促进文化的升级。

三、创新性和文化活力体现于外部适应与内部整合

正如行动诠释着角色和身份，主导企业行动的战略也是组成文化的一部分。企业涉及产品与服务的决策，反映了企业的"身份"；而关于"我们是谁"的共同假设正是企业文化重要的组成部分，并将限制组织的战略选择。

在创建组织时，创始人应该参与组织文化议题，并将之分为外部和内部两个部分加以建设。因为几乎所有的组织都有两个相同的基本问题：一是组织如何应对它们赖以生存的环境，即外部问题；二是组织如何处理内部群

体生活中成员之间关系的问题,即内部问题。这两个基本问题都与组织的各项任务紧密相关,也使我们对组织文化有一个整体概念。

这也意味着,企业创始人和领导者应该通过外部适应和内部整合来构建自己的企业文化。

外部适应的问题主要包括使命与目标、实现目标的方式(战略与资源、结构与流程)、衡量团队目标实现程度的标准,以及在目标没有达成的情况下如何进行纠正与修复;而内部整合的问题主要包括成员身份与边界(群体边界与准入标准)、组织内部的权威与影响力(就权力分配与地位达成共识)、内部规范(信任与开放的关系)、共同的语言(组织内部发明的专门俗语和缩略语)、奖惩与分配等。总体的企业文化将围绕这些问题而展开,而亚文化维度则存在于潜在职能以及涉及个体利益的子单元中。

第三节 推动创新性文化的形成

"不扩散的创新是不道德的。"埃弗雷特·M. 罗杰斯[1]在《创新的扩散》中提出了创新事物、思想在社会系统中扩散的"S形曲线"理论,将创新的传播分为五个步骤:认知、说服、决定、实施和确认。该书系统地解决了如何让创新成为现实的问题。

他认为,一项创新应具备相对的便利性、兼容性、复杂性、可靠性和可感知性五个要素。创新的扩散,能避免好的产品与好的创新陷入瓶颈或被搁置在无人问津的角落,让创新能够有效地被社会系统接受,最终创造价值并改变我们生存的世界。

"我们很多人想出来的新观念、新产品、新的变革、新的思想,到最后

---

[1] 埃弗雷特·M. 罗杰斯:著名的传播理论家,新墨西哥大学传播学与新闻学系教授。在学术界,罗杰斯的名字几乎就是创新扩散研究的同义词。他于1962年出版的《创新的扩散》(Diffusion of Innovations)成为新科技传播研究的奠基之作。1973年,他和休梅克(F. Shoemaker)对这方面的研究做了有代表性的综合和分析。他们对创新扩散的过程进行了描述,认为其至少包含四个明显的环节:知晓、劝服、决策、证实。罗杰斯将创新扩散的受众分为五类:创新者、早期采用者、早期大众、晚期大众、落后者。

只停留在我们的意识空间,根本没有跟现实社会产生关联,这样是无法改变世界的。"罗杰斯由此鼓励企业家积极地采取行动。

只有勇于承担风险和面对不确定性,企业才能永久保持创新力。企业的技术创新总是与企业的文化创新相一致。每一个新技术、新产品的诞生,都意味着新的消费者群体的产生。因此,与顾客和市场相适应的新型的组织文化也会随之而生。组织的文化创新与产品创新、技术创新以及经营模式、管理模式的创新同样重要。

领导力专家约翰·科特[①]认为,企业文化与企业长期的经营业绩有着巨大的正相关关系。业绩的提升需要依靠产品创新、管理创新、渠道创新和文化创新,其中的文化创新最为持久、最为根本。

作为文化创新者,让创新成为行动,可以参照如下步骤进行。

树立紧迫感—建立一个指导性质的创新联盟—形成愿景和战略—传达创新的愿景—赋予员工创新动力—关注创新过程,对细微的进步给予激励—巩固成果,引入其他有利的创新元素—将创新嵌入组织文化。

危机感可以为企业的全面创新提供动力,而效率也正来自适度的组织张力。保持一种"箭在弦上"的紧张状态,可以让企业充满雄心与斗志,从而让员工拥有清晰的目标。当然,与危机感同样重要的是让整个企业充满憧憬与希望。一个好的管理者总是为下属树立榜样,并教给下属正确的做事方式。

总而言之,为了推动创新性文化和组织竞争力的形成,管理者一般需要遵循如下的步骤和做法。

第一,管理者必须向内探索,以发现自己的信念和价值观。一个人行动的持久和永恒的动力来源于其内心的理念和信仰,而企业管理者如果能让企业的价值取向成为员工内心的理念和信仰,自然就可以让其成为一个

[①] 约翰·科特(John Kotter),1947年出生于美国圣地亚哥,1980年成为哈佛商学院终身教授。代表作有《变革之心》《领导者究竟应该做什么》《松下领导学》《新规则》《企业化和经营业绩》等。《领导变革》勾勒出的变革的8个步骤,具有极强的可操作性,已经成为全世界经理人的变革指南。

具有自我驱动力的员工，就能让企业呈现出强大的竞争力和文化魅力。所以，伟大的企业领导者真正关心的不只是业绩的增长，更重要的是人的灵魂，并以塑造思想力和文化力为己任。

第二，发现其他管理者与员工所信仰和坚持的东西。如果二者不一致，那么继续实现第三步。

第三，实施集体的自我反省，以查明或讨论出一套共享的核心价值观和商业伦理规范，并将发展的观念和创新的思想融入企业的使命与愿景。

附：以价值观为核心的企业构成要素——麦肯锡7S模型

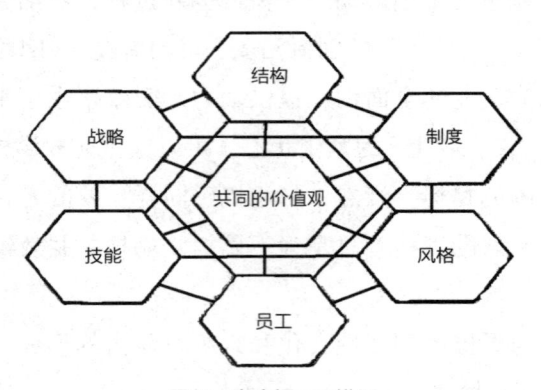

麦肯锡7S模型是麦肯锡设计的企业组织七要素，指出了企业在发展过程中必须全面考虑的各个方面，包括结构（structure）、制度（system）、风格（style）、员工（staff）、技能（skill）、战略（strategy）、共同的价值观（shared values）。麦肯锡7S模型如图6所示。

图6 麦肯锡7S模型

麦肯锡7S模型展现了一个相对完美的企业组织体系。这个体系中的每一个部分都不可或缺。麦肯锡7S模型的核心思想是，组织要想成功，组织内的这七大要素必须要协同匹配。

在麦肯锡7S模型中，结构、制度和战略被认为是企业成功的"硬件"，风格、员工、技能和共同的价值观被认为是企业成功经营的"软件"。麦肯锡7S模型提醒企业家,"软件"和"硬件"同样重要,对各企业长期以来忽略的人性,如非理性、固执、直觉、喜欢非正式的组织等,其实都需要加以管理,这与各企业的成败息息相关,决不能被忽略。

在麦肯锡7S模型中,共同的价值观具有明显的导向、约束、凝聚、激励及辐射作用,各要素之间也相互影响、相互制约。

第四节 创建文化的"场化效应"

企业的创新力依赖富有活力的组织文化,而富有活力的组织文化来源于对每个人才干和自由的尊重。唯有激发每个员工的创造力和忠诚,才能让企业拥有强大的体系之能。而员工的创造力和对组织的忠诚,一方面来源于个人的天赋和自觉,另一方面则受到整体环境的影响。

埃德加·沙因认为,人的处境对个人行为的影响远远超过我们的想象。如果说,个人行为受到环境影响,那么一群人共同努力就可以创造出更好的文化,反过来提升个体的道德感。

企业文化中有着如若不沉浸其中就难以体验到的妙处,这是无法用词语、概念和意象向外人传达的。人们常将"文化"与"氛围"相混淆,氛围指的是企业给人的感受、员工士气以及员工之间的相处,和文化并不相同。文化在组织管理中越来越受关注,它们就像"场"①一样,拥有一种或隐或显的真实存在的力量,而企业文化的重要性体现在文化要素决定了企业的发

---

① 场原是物理学中的概念,指一种整体性的存在,其中每一部分的性质和变化都由场的整体特征所决定,而这种整体特征并不等同于各部分特征的相加。美国实验社会心理学家库尔特·卢因率先将自然科学的实验方法应用于社会心理学,把群体行为看成人及其所处环境的一个函数或"场",因而他的思想被称为"场论"。他与他的同事应用"生活空间""自由运动的空间""矢量""张力""场力"等术语来从事一系列有关对变化的抵制和领导对群体的影响方面的研究,建立了群体动力学。群体动力学致力于揭示群体规范对个体行为的制约与影响。在群体与个体的关系中,起决定作用的是群体而不是个体。群体固然会受到每位个体成员及其心理因素的影响,但更重要的是个体要受到所属群体的左右。

展战略、目标和运营模式等方面。

企业作为一个特定的"场域"，具有特定的文化氛围和组织"味儿"，这样的空间被其承担的功能和特有的活动内容所定义，人们在此形成某些关系，使得企业不再是单纯的物理空间，其中有内含力量的、有生气的、有潜力的存在。正如皮埃尔·布尔迪厄所说："（企业）是由社会成员按照特定的逻辑要求共同建设的，是社会个体参与社会活动的主要场所。"

因此，作为一个"场域"，企业不只具有物理空间的概念，更具有文化空间的概念。在这个"场域"中，既存在力量和竞争，也存在共同规范和协作；每一个成员既可以体现出选择者的意志，即个体的创造性，也可以满足一定的框架要求和限制。

对于多数人而言，随着他们在群体中所处时间的增多，他们的态度和行为会逐渐朝着与群体一致的方向发展。群体心理学将其称为"场化效应"，即某个个体原本不具有某种特征，而一旦进入某个群体或"场域"以后，就会被这个群体或"场域"具有的氛围同化（原文称"磁化"），产生其之前并不具有的个性特征行为。

在团队管理中，场化效应无所不在。对于每个员工而言，团队和"场域"所拥有的气氛能够在相当程度上影响其对企业的信赖感和工作激情的强弱。好的团队和"场域"氛围能够让员工不自觉地满足企业的规范和期待。

对于企业而言，应该从新员工进入企业之初就培养他们的文化意识。为了保证组织的文化活力和创新能力，企业一方面需要对亚文化给予足够的关注，另一方面需要注重"场域"的营造。

一、鼓励亚文化繁荣，并将其编织到文化织锦中

在全球化的背景下，一些集团公司中的很多分公司及具体的职能部门——生产、采购、分销、财务、营销和销售等部门——形成了各自分离的群体。有时，这些分离的群体可能会出现联合起来抵制母公司的情况，如在裁员、削减预算、改造流程等时期。有时，这些分公司和部门会发觉

所处的环境不友善甚至充满危险。有时，它们发现在团体收益之外，有自己额外的收益。这些都会促成亚文化的形成。

在多数情况下，亚文化带有防卫性和自我保护的特征，会抗拒变化，它们把管理行为视为对自己的威胁。管理者的责任是为了复兴核心文化，使亚文化蕴藏的能量从其外壳中显现出来，进一步使它们在整个企业中发挥作用，并彰显企业文化的多元性和活力。

每一种文化本身都嵌套在影响其特质的、更宏观的文化中；同样，每种亚文化也嵌套在影响它们的宏观文化中。当人们在亚文化中找到了某些独特的意义，就会有很强的归属感。亚文化保护了他们自己的规范和价值观，以免受其他方面的干扰。企业文化本身建立于亚文化所形成的各个圈层之中，所有的企业都承受着某种离心力，这就像卫星与恒星的关系，卫星围绕恒星旋转，只有当吸引力与离心力相等时，它们之间才能保持合适的距离。

如何将不同亚文化的价值观和信念整合到一起，正是企业文化建立的关键。正向的亚文化本身也可以成为企业文化的补充。但如果亚文化彼此分离得很严重，就会造成整个企业的价值观混乱，消减企业文化的影响力。管理者所面对的一个关键挑战是：寻找一个途径，把碎片化的亚文化结合成整体，以重获群体凝聚力，创造更卓越的业绩。

管理者需要承认亚文化的合法性并让员工知晓。承认文化的多样性具有现实意义。强有力的文化和繁荣的文化本身会带来某些混乱，这是不可避免的风险，但表面的混乱并不会掩盖它们内在的秩序，核心文化的强大也正需要通过亚文化的繁荣显现出来。使亚文化的作用合理化是明智的做法，也可以鼓励员工向企业核心文化靠近。

1. 洞察现有亚文化

亚文化形成于那些经常聚在一起的人当中。"我们不同于他们"的心态让那些有相似之处的人在不同的工作场所中找到了彼此呼应的心声。不同专业、不同部门、不同地区、不同爱好的人都可能因为找到了彼此的共同点而走到一起，形成亚文化。但这些亚文化群体的文化联系有着强弱之分，在相同专业和相同爱好的群体中，他们可能形成更具有凝聚力的文化小团体。

面对面的访谈，无疑是了解亚文化最有效的途径。从访谈中我们可以了解到谁是亚文化的中心人物，以及每个人在亚文化中的角色。

2. 组建文化团队

团队成员来源于不同的亚文化团体，跨部门组成团队更能体现出公正性，也有利于形成一个均衡的方案。如果企业是通过兼并而组成的，那么应该有被兼并企业的代表。

3. 让核心信念与亚文化相互支撑

企业文化经常被分割成部门自治的亚文化。亚文化形成了不同群体之间的分割，但它们之间的合作对企业至关重要。例如，以市场和顾客为导向、以产品设计为导向的研发部门，以及以成本为导向的财务部门，它们各自关注的焦点不同，彼此之间也会存在理念和文化上的差异。在任何一个职能部门，亚文化都是不可避免的，由此就存在着职能部门的亚文化与企业核心理念是否统一的问题。因此，必须将彼此分离且发挥作用的亚文化结合起来，使不同的努力集中于共同的目标。

不同的职业群体会形成不同的文化。理解亚文化的最好途径就是考察所关注的亚文化群体成员的背景资料。当不同的企业文化之间不得不合并时，可能会出现四种不同的合并方式：融合、分离、主导与冲突。

所谓融合，是接受每一种企业文化中最优秀的部分，使它们合并为一个整体，这被认为是最理想的结果。文化融合可以创造出一套新的、更丰富的价值观念，并将其推广至所有的文化单元。

通过正式渠道传播的信息未必都是真的，但非正式的私下沟通却可能带来真实的信息。正式的会议能起到过滤的作用，一些信息可能会被故意忽略或屏蔽了，而私下的非正式交流却创造了一种独特的事实。人们可能更愿意相信私下传播的东西。

4. 把亚文化编织进企业文化织锦

应从各种亚文化中发现共同点，并将这些共同点转化为整体的信念。在把它们纳入整体时，需要承认每种亚文化的方式和观点，需要容纳它们的独特性。

我们可以制作一张问题列表，以便让我们能够更清楚地描绘这些亚文化的情况和存在的意义。

- 亚文化群体的历史是什么？它存在多久了？其中的重要人物是谁？有着什么故事？
- 该群体代表着什么？独有的特征是什么？是什么让他们与其他群体区分开来？
- 这个群体有着什么样的共同价值观和精神？
- 他们喜欢什么？热衷参与什么样的活动？
- 他们对公司的贡献有哪些？

这样可以找到亚文化的共同点和独特之处，建立更具包容性的文化并形成凝聚力。而围绕共同的信念，使独立的亚文化以自己的方式繁荣起来非常重要。

二、塑造工作场所的文化活力

著名投资人段永平认为，好的商业模式＋好的企业文化，一般是好公司的特征。

然而，什么是好的企业文化呢？大体而言，应该就是遵守公民道德、组织有力、富有成效并具有活力的企业文化。

提倡工作场所的人性化，让工作场所重获活力，变得意义非凡。而要做到这一点，我们则需要思考：人们最初为什么要去工作？如何才能爱上这里的工作？

特伦斯·迪尔在《新企业文化：重获工作场所的活力》一书中指出，工作使人们能维持生计，工作也为人们带来友谊、激励和欢笑。但今天，人们更普遍地缺乏职业的稳定感，也疲于应付公司内部的钩心斗角，比以往更重视现实利益，而不是工作中的归属感。这也从反面说明，企业更需要文化作为黏合剂，以赋予人们所从事工作的意义，使他们能联想到更远大的目标，并为自己的工作感到自豪。

具体而言，企业要做好三件事：一是树立标杆人物；二是开展企业文化培训；三是利用仪式传达态度、规范行为和传承文化。

1. 树立标杆人物

特伦斯·迪尔在其《企业文化：企业生活中的礼仪与仪式》一书中阐述了企业文化如何建立企业上下共同遵循的价值体系，即员工都清楚并共享的价值观念和行为准则。企业英雄人物直接关系着企业的影响力和经营绩效。

对标杆的观察学习，决定着企业员工在所观察的示范事件面前感知到什么以及如何抉择。标杆人物按照企业的愿景、使命和价值观树立，成为大家参照的榜样。标杆人物可以从各个职能部门挑选，他们的表现需与企业所倡导的文化和价值观高度契合。标杆人物的事迹表现需要让他人"看得见、摸得着、信得过、学得来、做得到"，其形象不应过于虚高，而让人感觉不真实或者仅能作为崇拜对象。

2. 开展企业文化培训

著名企业管理学教授沃伦·本尼斯曾说："员工培训是企业风险最小、收益最大的战略性投资。"

企业文化培训要包含企业的目标、价值观、行为准则、象征符号等内容，诸如企业经营理念、发展战略、愿景目标、组织结构、制度规范、产品及服务等，以便让员工更深入、全面地了解企业文化的内涵和具体内容。企业文化培训的内容体系包含不同形式，如讲授式、案例学习式、研讨会式、角色扮演式等，通过这些生动且实用的方式将企业文化搬上舞台，以歌曲、文字、舞蹈、话剧等作为载体，使企业文化深入人心。

除了举办集训轮训、专题学习、宣讲辅导、竞赛考试等文化教育活动，企业还可以开展研学体验、实地调研、走访服务、角色扮演等形式多样、内容丰富的体验式活动，突出参与感、仪式感和真实感，引导员工成为企业文化的践行者、倡导者和传播者。

3. 利用仪式传达态度、规范行为和传承文化

仪式化行为通过在特定时间和特定空间的特定活动，制造一种特殊意义感，这种特殊意义感有利于构筑"想象共同体"，形成组织共识，强化组织认同感。美国著名的传播学者詹姆斯·凯瑞在《作为文化的传播："媒介与社会"论文集（修订版）》一书中提出了传播的"仪式观"，他认为传播不是一种单纯的传递信息行为，而是共同信仰的创造、表征与庆典。在对外传播企业文化时，企业要注重打造文化传播的仪式感，引导舆论，塑造共识。

例如，每年的5月10日是阿里日，阿里巴巴会在这一天为员工举行集体婚礼。此外，阿里巴巴还会利用公司年会、"双十一"购物节等契机，举办一些富有仪式感的活动。

谨防大企业病——失去对消费者需求的敏感和创新活力

一家企业当达到一定的规模，专业化发展到一定程度以后，就会产生一种特有的创新迟缓，对消费者偏好的转变缺乏应有的反应能力，因而常常陷入一种系统性偏离文化创新的管理模式。它们习惯了放弃组织的创新能力，取而代之的是用昂贵的价格获得创新的渠道，向消费者兜售它们一系列乏善可陈、缺乏真正创新的产品。这就构成了一种大企业病——体制的官僚化。

大企业的竞争优势来自其突出的标准化和严谨的规范。在市场营销方面，如新产品发布、产品细节改进、销售渠道管理以及售后服务，大企业都可以从标准化和规范化中获益。尽管官僚体制也能够为企业带来巨大的利益，但在文化创新方面，却会带来严重的功能障碍。

大企业的这种僵化的体制，无疑给中小企业提供了可乘之机。破坏式创新被屡屡证明是极为有效的，这让一些小企业走出了"地下车库"

和"居民楼",成了市场的新宠。

  对于大企业而言,如果想学习小企业灵活的优点,保持文化的开放性就显得尤为重要。开放性意味着不断地革新自我,主动打破僵化的体制,导入异质思维,寻求批评意见,以激发内部活力。

第六章　关注影响力，品牌营销中的文化战略

文化的竞争力最终要落实在其影响力上，而影响力的形成既基于文化的精神内涵和价值体系，也与传播力紧密相连。文化只有让受众接触、理解和接受，才有可能产生真正的传播力。因此，创建战略性的传播体系就显得极为重要。

品牌营销，无疑是企业经营的重中之重。而围绕品牌营销的文化战略，则具有更为重要的现实意义。

基于品牌营销的文化战略不仅要求人们辨识在特定历史条件和特定社会语境中发生的意识形态机遇，还要求人们用包含了特定意识形态、品牌神话和文化密码的文化表述对这一机遇做出回应。文化战略的组成元素必须是不同的，且文化战略在整体上必须更为具体，如此才能对企业的营销活动具有现实的指导性。

换言之，文化战略的成功得益于其中蕴含的能够得到广泛认同的意识形态，这种意识形态通过占有或使用具有这种文化的品牌来彰显。文化战略需要有详细的文本，能根据意识形态、品牌神话和文化密码做出具体而精微的指导。对于文化创新来说，细节是至关重要的。道格拉斯·霍尔特与道格拉斯·卡梅隆在《文化战略：以创新的意识形态构建独特的文化品牌》一书中，为我们提供了诸多有益的思想与案例，极具启发性。

传统战略围绕着一般性的消费者利益点或者情感词汇做文章，而文化战略则要指引每一个创新参与者，在创新的每一个组成部分都设计出独特的文化表述。这要求文化创新者能够走出文化正统的"死胡同"。

可以利用文化战略在由技术创新主导的产品市场中发掘出意义重大的商机。文化战略也是打造技术创新持久声誉的一个有效的工具。现有从事技术创新型产品销售的企业倾向于不断地寻找下一次技术突破，以为这样就可以让产品不断地有新奇的功能体验，而常常无视品牌有可能传递的社

会价值与文化价值。这一盲点为品牌创新文化表述创造了机遇，文化创新恰恰能够让技术创新变得更有黏性，更有说服力。

文化战略的成功得益于文化创新，得益于走出传统，它可以为企业提供崭新的文化标识，能够唤醒、呼应和指引消费者的意识形态，培育新的消费心理和消费习惯。

如果用现代的价值观去审视现实与历史，就可以发现文化创新的机遇。从实践层面来说，品牌的文化创新，就是从现实与历史中提炼出一些消费文化，将之变为生动有趣的价值观，使消费者感到这些价值观不可抗拒。这些文化创新能够极大地改变顾客偏好，形成真实有效的竞争力。通过推动创新的意识形态发展，这些个人和团体将变得非常具有影响力，从而发展出忠实的追随者。

第一节 创新文化表述

"一个人并非生下来就是女人，而是逐渐长成了女人。"西蒙娜·德·波伏娃在《第二性》中如此写道。波伏娃从历史出发对女性的地位和现实处境进行了粗略的概述，然后专门从婴儿期起，讲述了一个典型女性被世俗文化和社会规约所塑造的一生。在其幼儿期，围绕性别意识的教育就开始了：男孩被教导要勇敢，女孩则被认为爱哭和软弱。两种性别的儿童听的是类似的童话故事，但在故事里，男性是英雄、王子或勇士，而女性被锁在塔里、陷入沉睡或被绑在岩石上等待救援。听着这些故事，女孩注意到：母亲大部分时间都留在家里，像个被囚禁的公主；而父亲会到外面的世界，像一个去参加战争的勇士。她明白自己的角色将会朝哪个方向发展。由此，我们可以看到，关于性别的意识形态被悄无声息地植入童话故事和社会期待，影响一个人的成长和行为选择。

意识形态深刻地塑造着我们日常的价值观和行动。意识形态常常是消费者市场的基础，而强大的品牌又支撑着意识形态。意识形态是一种观念，它可以通过很多方式被表达出来。意识形态与直白的销售主张不同，是通过文化表述的各个层次使消费者得以体验。所以，只有通过品牌神话和文化密码来进行传递，意识形态才能进入文化之中。

一、创新文化表述应该激发意识形态的共鸣

道格拉斯·霍尔特与道格拉斯·卡梅隆在《文化战略：以创新的意识形态构建独特的文化品牌》一书中指出，文化表述可以对企业努力打造的品牌的所有的关键优势予以透彻的阐述。文化表述的正确性在于能够很好地连接意识形态、品牌神话和文化密码。无论这三个层次中的哪一个出了问题，整体的文化表述都会被破坏。

品牌的意识形态包含着品牌的价值观和核心销售主张；品牌神话能够彰显品牌的个性、愿景和目标；而文化密码则是与消费者建立正向良性沟通的细节元素。

品牌神话如果想要激发消费者共鸣，就必须由最合适、最引人入胜的文化内容来构成，即拥有"文化密码"。文化密码能够提供一种简略的表达，能够让消费者轻松地理解和体验品牌神话。在用品牌神话向目标消费者传达企业所渴求的意识形态之前，必须首先找到正确的文化密码，并将其应用于营销组合之中。

如果选择了内容浅薄或缺乏战略的文化密码，即便我们找到了一个富有吸引力的品牌神话并植入合适的意识形态，最终也会事与愿违。文化密码、品牌神话及意识形态需要有关联性，并能够完美地统一起来。

当品牌的文化表述包含了正确的意识形态，而这种意识形态又通过富有新意的品牌神话所呈现的文化密码来进行表述时，文化创新就会获得突破，取得神奇的效果。

通过文化创新激活品牌的案例不胜枚举。在白酒、啤酒、软饮料和食品等行业中，产品的创新往往具有很大的风险。可风险越大，收益越高。在一个成熟而稳固的市场中，寻求激情的文化创新，提供有创意的文化表

述，与目标消费者的意识形态需求产生共鸣，往往会斩获意想不到的成功。江小白便是其中一例。

江小白致力于传统高粱酒的老味新生，以"我是江小白，生活很简单"为品牌主张，坚守"简单包装、精制佳酿"的反奢侈主义产品理念，以持续打造"我是江小白"品牌 IP 与顾客进行互动沟通。

江小白在陷于红海竞争的白酒市场中，突破功能利益和情感利益的诉求，聚焦文化层面的诉求，通过创新性的文化表述，成为青年人的意识形态和形象的映射物。

江小白的文化创新，让自己从白酒的功能利益和感性利益的红海，进入缺乏竞争者的蓝海。文化创新让江小白获得了一个广阔的空白市场。江小白的文化战略体现为两个方面：一是对产品市场加以切割，聚焦时尚、反奢、特立独行的青年人市场；二是进行品牌创新的文化表述。

江小白创新性的文化表述之所以成功，正在于它根植于青年人的生活和精神状态，能够找到触动其内心的文化密码（渴望简单纯粹）。在其意识形态中有一种"时尚""反奢"和"特立独行"的价值主张。江小白创新性的文化表述如表 4 所示。

表 4　江小白创新性的文化表述

文化表述的三个层面	江小白的文化表述	
意识形态	简单纯粹	"简单纯粹"既是江小白的口感特征，也是江小白主张的生活态度。江小白提倡青年人直面情绪、不回避、不惧怕、做自己
品牌神话	青年之约，白酒增进情感；将自我宽慰系于这一杯小酒	"我是江小白，生活很简单"的品牌主张，渗透在现代青年生活的方方面面，并繁衍出"面对面约酒""好朋友的酒话会""我有一瓶酒，有话对你说""世界上的另一个我"等表述，"yolo 音乐现场""万物生长青年艺术展""看见萌世界青年艺术展""江小白 Just Battle 国际街舞赛事"等文化活动，以及《我是江小白》动漫
文化密码	时尚、反奢、特立独行	坚守反奢侈主义产品理念，坚持"简单纯粹，特立独行"的品牌精神，以持续打造"我是江小白"品牌 IP 与顾客进行互动沟通，持续推动中国白酒品牌的时尚化和国际化

江小白进行文化创新并通过独特的表述，在无形中切割出了属于青年

人的市场，描画了准确的消费者画像，构建起一个鲜明的品牌圈层。它不是一种凸显奢华的场面用酒，而是象征简单纯粹的反奢侈主义产品。

江小白能够从竞争激烈的白酒红海中脱颖而出，是因为它找到了恰当的方式，将符合当代青年人的意识形态植入白酒的体验，并将这种意识形态通过蕴含文化密码和品牌神话的情境体现出来，以代入感极强的文案触动顾客的心灵，成为全新一代都市青年的"流行符号"。

在江小白的文化创新案例中，它抛弃了处在市场主导地位的白酒生产商不断强调自身是酒中贵族的文化表述、注重宏大叙事和历史工艺的文化传统以及在大众媒体面前鼓吹的种种神话。事实上，人们（尤其是青年人群体）对那些价格高昂且代表畸形消费的白酒有一种隐蔽的反感，人们更希望有一种不失品位且价格低廉的白酒。对于处于奋斗中的青年人来说，他们更愿意去寻找能够代表自己当下处境、与自己意识形态相契合的产品。江小白与"成功""奢华""传统"无关，回归白酒所隐喻的"独具风雅""放任自我""知己间的对啜"，体现出"洗尽铅华"的"任我自由"。

当主要的白酒生产商陷于相同的基于"文化正统"的自我叙事之中时，江小白开创了全新的文化表述，构建起另一种体验与场景，从而唤醒了沉睡的商机。江小白品牌中蕴藏的意识形态迎合了时代中某个特定群体的需求，江小白由此与他们产生了深刻的共鸣。

二、文化创新的机遇在于历史演进中的意识形态断层

正如丹尼尔·希利斯[①]所说，科技就是一套尚未完全发挥作用的东西。某种东西一旦得到广泛应用，就不再是科技了。社会总是需要新事物，所以创新才会存在。

伴随产品创新和技术创新，文化创新随即发生。

让意识形态驱动消费者的购买行为，这需要在品牌的文化表述中植入

[①] 丹尼尔·希利斯：著名计算机科学家、发明家、企业家，麻省理工学院媒体实验室客座教授。他创立了思维机器公司（Thinking Machines Corporation），建立了一支由科学家、工程师和设计师组成的团队，成员包括诺贝尔奖得主悉尼·布伦纳、著名物理学家理查德·费曼等，他们共同致力于打造超级并行计算机。

恰当的意识形态。

文化创新并不是无源之水。文化创新的机遇蕴藏在社会现实和历史发展之中。

在产品市场中，文化正统一般可以维持几年，偶尔也可以维持10年甚至更久。但在某些点上，随着历史的延展和社会结构的变化（社会结构的变化将是破坏性的），现有的商家所提供的、被视为理所当然地产生的文化表述将遭到挑战，同时对于新的文化表述的紧急需求亦同时形成。这就是《文化战略：以创新的意识形态构建独特的文化品牌》一书中所说的"社会断裂"。在这样的时刻，文化正统不再充分传达消费者需要的文化表述，曾经的主导品牌的意识形态失去了它们的共鸣，消费者渴望那些能够照应新的意识形态的品牌。

"意识形态的商机产生于重大的历史变迁导致的产品的传统文化意义的彻底重塑，以及时代变迁所造成的社会断裂。这些变化会逐渐脱离消费者与原有品牌之间的连接，从而使消费者寻求替代性品牌。它预示着一种新兴的机遇，尤其是针对特定的历史时刻和特定的人群。"道格拉斯父子说，"意识形态机遇为品牌的文化创新提供了肥沃的土壤。而正是社会生活中那些烦琐而难以揣度的层面，蕴藏着某些伟大的创新机遇，我们可以用具体的文化内容去回应它。所以品牌文化创新就是对特定的历史与语境富有目标地做出回应，这体现于品牌的文化表述的细节中。"

农夫山泉提供了很好的例证。当同行们都在围绕"纯净""健康"展开营销时，农夫山泉创新性地将"天然""环保"的观念植入品牌的意识形态，从而更多地引发大众价值观层面的共鸣。

农夫山泉采取类似于纪录片的风格展现其水源地，对水源地的探秘活动可以说是品牌文化活动的一大盛举。农夫山泉在水源地建的"博物馆"，更是向消费者展示了别样的农夫山泉。这让农夫山泉从这场营销"水战"中脱颖而出。

4P和4C都无法开发出"我们是大自然的搬运工"这样的定位策略。这种定位并非基于 4P 和 4C 中单一或者组合的利益点，而是对企业和品牌身份的定位。

"我们不生产水，我们只是大自然的搬运工"这样的表述横空出世，脱离了产品与工艺特点而对企业身份加以定位，这种表述极具挑战。农夫山泉营销策略的成功得益于其营销策略跳出了传统营销学基于产品功能利益诉求的窠臼，从文化竞争的角度寻找策略，突破了先入者和已经形成影响力的品牌的围堵，在文化层面上跃居其上，成为行业的观念倡导者和意识形态的引领者，促使产品销量扶摇直上。

这种文化创新具有全局性和长期性，体现出真正的战略性，而 4P 和 4C 的组合策略仅具有战术性的意义。农夫山泉这种文化表述之所以获得成功，是因为它契合了当初人们对环保问题的关注，纯天然的概念正体现了大众内心对此类意识形态的渴望。而同时期的其他企业显然没有意识到这一点。

萃取意识形态，需要对所处的历史背景和社会环境有所考察，也需要结合企业自身的资源禀赋和成长历史。根据《文化战略：以创新的意识形态构建独特的文化品牌》一书提供的模型，我们可以提炼出农夫山泉的文化表述，如表 5 所示。

表 5 农夫山泉创新性的文化表述

文化表述的三个层面		农夫山泉的文化表述
意识形态	纯天然	同样是围绕着"天然"的营销理念，与那些喊口号的品牌不同的是，农夫山泉将"天然"展示给消费者，给人的感觉是它好像没有什么秘密。消费者想要了解的，农夫山泉全部可以提供
品牌神话	我们是大自然的搬运工	没有谁真正在生产水或制造水，所有的瓶装水都来源于自然界，真正不同的仅是过滤和处理装置，以及水源地
文化密码	对水源地的探秘与展示	在水源地的展示上，农夫山泉水源地探秘活动可以说是品牌的一大创新——农夫山泉在水源地建了一座"博物馆"，以向顾客展示别样的农夫山泉。为了让更多的顾客能够深入了解品牌，农夫山泉将水源地的景色搬到荧幕上

最初处于弱势地位的农夫山泉，为何能够胜过资金实力和影响力均强于自己的竞争对手？它所选择的并不是围绕消费者价值点的跟随策略，而

是从更高维的文化战略层面寻找突破，成为既有瓶装水品牌在意识形态方面的挑战者。

能战胜思想的只有思想，能战胜意识形态的只有意识形态，能战胜文化的也只有文化。所以，当企业立于文化战略的制高点时，就占据了比进行产品创新和满足功能利益诉求更有利的位置。当然，企业的经营行为不能背离文化主张，也不能背离企业的价值观和所树立的意识形态，否则就会让竞争对手发现漏洞和弱点，进行"文化围堵"，对自己所推崇的意识形态构成挑战。

农夫山泉所选择的纯天然、保护水源地等环保主义的意识形态具有难以挑战的特性，不同地域、不同阶层的人都会对此加以认同，唯一需要做到的就是企业以实际行动来证明和支持自己的意识形态。

农夫山泉和江小白都是在历史演进的社会断层中找到了自己的意识形态机遇，并在这种独特的意识形态机遇中，获得了与消费者沟通的文化密码，塑造了一个品牌神话。通过这种文化表述，它们创造了一个属于自己的品牌世界。

品牌竞争中的"文化围堵"

在成熟的市场中，如果从文化的视角来看待竞争，就依然有可能看到蓝海。

要进行文化创新，不一定要找到与市场现有产品不同的非正统价值组合，也未必需要等待某种新技术。一个行之有效的方法是，对一个有影响力的既有品牌的文化表述进行"文化围堵"，对既有品牌进行挑战，即"在属于拳王的拳台上，挑战拳王"。

总而言之，就是从最具影响力的竞争对手的文化表述中，寻找它们的漏洞，质疑它们并施加攻击；或者站在其意识形态的对立面发出直接的挑战。例如，当长虹电器说"太阳最红，长虹最新"以示其王者之心时，创维说"谁升起来，谁就是太阳"，深刻地体现了创维敢于挑霸主于马下的雄心。

又如，苹果的突破性文化创新来自它的"1984"。这个激发热情的广告颇具煽动性地将 IBM 公司渲染成一个令人窒息的官僚机构，利用占据市场主导地位的品牌 IBM 自身的文化力量来攻击其在意识形态上的弱点，从而让苹果成为全世界最有价值的公司。

小公司和创业企业在文化创新上有一种天然的优势，因为它们还没有陷入僵化的体制当中，它们具有比大公司和成熟企业更强的灵活性。对它们来说，创新让它们"失去的只有锁链，得到的却是整个世界"。

成熟企业如果要获得文化创新方面的突破，则往往需要"伤筋动骨"。成熟企业只有抛弃诸多陈旧、固化的历史包袱，打破官僚化体系，在一番"自我革命"之后，才能重塑自己的意识形态。

第二节 品牌文化创新的理论与方法

道格拉斯·霍尔特与道格拉斯·卡梅隆在《文化战略：以创新的意识形态构建独特的文化品牌》一书中说："所谓文化创新，就是指有一个品牌传达了创新的文化表述。"如今，我们看到众多的品牌之所以成功，也正是因为它们向消费者提供了独特的文化表述。通过这种表述，它们超越了竞争者。

富有创意的文化表述为消费者提供的社会和文化价值不亚于功能利益，而人们对产品功能利益的感知会受到附着在产品身上的社会和文化价值的强烈影响。正因为品牌呈现出消费者渴望的文化表述，所以，它所提供的产品会被看作更高品质、更高保障和更有价值的产品。

文化表述也是身份认同的关键，是关于归属感、认同感以及社会地位的基本素材。文化表述能够帮助消费者构筑富有意义的生活。

道格拉斯父子认为，文化创新可以生成三种相互关联的价值：象征价值、社会价值和功能价值。

1. 象征价值。文化表述挑选出人类生活中最重要的方面，提供具体的方向和动机，作为精神支柱的象征，解释关于身份、主张、抱负和价值的疑问。品牌的文化表述让消费者在日常生活中发自肺腑地体验品牌的理想和价值（人类学家将其称为"仪式性行为"）。

2. 社会价值。文化表述明确地阐述了社会认同，而社会认同通常建立在关键社会因素的基础上，如社会阶层、性别、种族和民族。它们也能够支持重要的政治认同，如环保主义、民族主义和社会正义的理想。这些社会因素和政治认同是用于传达身份的，这种身份可以表明一个人相对于他人的优越感，同时也可以确立他所属的团体。

3. 功能价值。当人们从品牌的文化表述中找到了象征价值和社会价值时，他们就趋于认为这个品牌能提供更好的功能、更高的质量，也更加值得信赖。当消费者与品牌的文化表述产生共鸣时，他们就愿意相信该品牌的产品是优秀的。因此文化表述极其强烈地影响了消费者对产品功能的看法。

由于文化表述能有力地传达消费者价值，因此，文化表述的创新是发起新商业项目和重新激活陷入困境的经营的有力武器。

一、以破坏式创新跨越文化鸿沟

我们时常会问：为什么不是电信、移动这样的大型通信公司创新推出QQ、微信这样的即时沟通工具，而往往是微不足道的个人和小公司成为一个时代最重要的推动力？

与技术创新相随的，是更具社会意义的文化创新，也就是先行的观念、价值判断和愿景展望。

社会企业是指试图通过商业手段促进社会变革、解决社会与环境问题的企业。对于社会企业来说，文化创新是特别重要的。这些企业都号称背负着社会变革的使命，但很少能够在发展到一定规模以后，继续产生颠覆性的文化影响。社会企业懂得利用商业手段解决具体的社会与环境问题，但往往忽略了其所面临的独特的战略机遇和挑战。社会企业需要走出圈内人主导的市场，转至跟随者的消费市场。

腾讯、阿里巴巴、字节跳动等公司都是以破坏式创新取得举世瞩目的成就的，这种颠覆性不仅仅来源于技术层面，更多是来源于文化层面，它们都重新定义了行业，培育了客户和消费者，创造了全新的企业文化和社会文化。

克莱顿·克里斯坦森（Clayton Christensen）的破坏式创新[1]模式的核心是推出更优秀的产品和服务，即更便宜、更有用、更可靠或更方便。他强调新产品和新服务要能够剧烈地改变既有产品和服务提出的价值主张。破坏式创新就是要以更简单但又足够好的替代品，满足以前未得到满足的群体的需要，进而挑战现有的产业。

文化的活力正在于创新，而创新来源于对既有文化正统的超越。分析当前产品市场上隐含的文化正统，以及文化正统中的缺陷，正是开启文化创新的起点。

从文化正统中寻求突围，是文化创新的一大举措。在产品市场中，文化正统一般可以维持几年，有时也可以维持10年甚至更久。当旧有的意识形态泛滥，一种主流文化几乎统治着所有人时，它们也就变得沉闷不堪，时代前进的脚步就会停滞。这时，对遵循文化正统的企业而言，品牌竞争早已是一片红海。旧有的普遍存在的文化表述再也难以激起人们内在的情感，文化正统不再充分传达消费者的真实需要，不再是指引消费者进行产品功能感知的工具。此时，在市场占有优势地位的老牌企业会以因循守旧的态度对待这种文化正统。而一些缺乏文化创新能力的企业依旧会模仿既有的成功者，但它们的模仿必然难以改变既有的竞争格局。

---

[1] 破坏式创新，最早由著名的经济学家熊彼特在1912年提出。1997年，美国哈佛大学商学院创新理论家克莱顿·克里斯坦森教授在其《创新者的窘境：领先企业如何被新兴企业颠覆》一书中弥补和改进了熊彼特的创新理论。"破坏"是相对于现有的主流技术、主流客户和关联企业而言的，一旦破坏式创新形成明确的性能改进轨道，也就演变为维持性创新，其后又会出现下一轮新的破坏式创新。

二、价值鸿沟与创新文化表述

现代社会的急速演进，必然会在不同的群体之间形成文化鸿沟，这种意识形态的差异不仅体现于有年龄差距的人群中（如父与子之间的认知差异、代沟），也体现于出生于同一个年代而地域、阶层不同的人群中（如城乡之间的文化差异，官僚阶层和财富新贵与贫苦大众之间的认知差异），即使在同一地域、同一阶层的人之间也会存在认知差异，而分析和利用这些认知差异，可以发掘意识形态的机遇。

一味地固守文化正统，只会将自身的视野局限在狭隘的地方，对新鲜事物失去敏感性，从而遭受风险的挑战。道格拉斯父子指出："社会变迁最终会瓦解消费者对传统产品文化表述的认同。在任何历史时刻、任何地点，都有不计其数的社会变迁正在发生。我们关注的那些将会改变现有的产品意识形态的社会变迁，它使得消费者对旧的意识形态产生不满而对新的意识形态变得渴望。这种破坏性的社会变迁，可能是由技术变革所致，也可能是由经济、社会结构和人口变化，或者由社会运动和大众传媒的力量促成。"

随着科学进步和人类对世界认识的深入，社会的变迁在时刻发生着。新兴的消费者群体对待人生和事物的态度也一直在演变，出生于不同年代、不同阶层、不同性别的人们之间的观念差异由此产生。应对这种意识形态的差异和断层保持敏感性和识别力，并将之转化为品牌的文化战略。

文化创新作为一种战略，自然拥有其基本的方法和某种可以依循的程序和模式。道格拉斯·霍尔特与道格拉斯·卡梅隆为我们提供了文化理论创新模型，如图7所示。

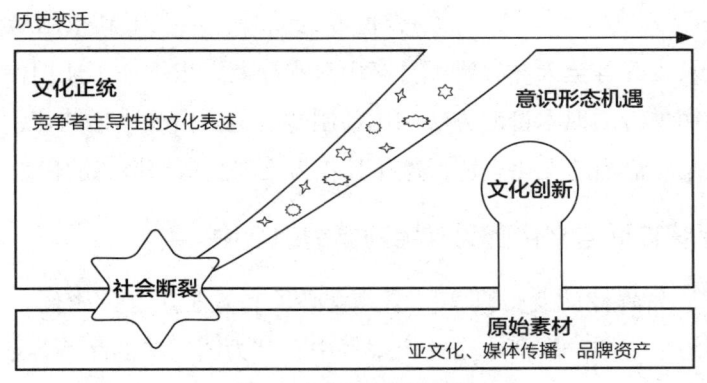

图7 文化理论创新模型

通过以上模型，我们可以将文化创新过程分解成若干个步骤（在此可以将其命名为文化创新五阶法）。

《文化战略：以创新的意识形态构建独特的文化品牌》一书为我们呈现了诸多利用意识形态断层进行文化创新的案例。这些案例对我们都极具启发性。就像在1950年的美国的威士忌市场，当所有的威士忌企业一致认定，事业成功的消费者都应以享受现代生活方式为荣时，文化正统开始形成并固化。它们很难相信自己可以放弃"现代""成功"之类的品牌标签，而回到威士忌曾经代表的粗粝、坚韧和百折不挠的乡野传统。这些旧的文化标签，无疑给人们太过懦弱和女性化的印象。

老牌威士忌企业喜欢用过时的、俗套的文化外衣包装商品，而这给那些喜欢采用文化创新战略的企业留下了巨大的商机。一个地方性的小酒坊年复一年地生产品质始终如一的威士忌。该酒坊坐落于美国田纳西州的林奇堡山区，这里曾是历史上具有反抗精神的拓荒者的奋斗前沿，而酿造威士忌正是山区亚文化的一部分。这种颇具传奇性的历史让酒坊老板杰克·丹尼找到了文化自信——反潮流的意识形态。召唤男性气概成为杰克·丹尼文化创新表述的核心。

任何时代都难以阻止人们对新奇事物的渴望，意识形态也必然处于不断的演进和变革之中。杰克·丹尼能够从隐匿于田纳西州山区的一个作坊，成为威士忌全美单瓶销量第一、享誉世界的品牌，不在于其采用最上等的玉米、黑麦及麦芽等全天然谷物配合高山泉水酿制，也不在于使用传统的滴酿方式、采用独特的枫木过滤方法和用新制造的美国白橡木桶储存，更多在于其成功运用了恰当的文化表述，这让其成为反潮流意识形态的代表。

三、将品牌神话与文化密码应用到营销组合中

要想让品牌神话变得真实可信，就必须有效利用文化密码，并将其应用到营销组合之中。在江小白这个案例中，其力图塑造的品牌神话是"江小白是富有品位的当代时尚青年的酒"，它所构造的场景是"青年人之间的活动与约会"，它所使用的文化密码包括时尚、反奢、特立独行，并通过参与有关青年的艺术活动而形成这种表达。它的包装设计、宣传文案也都体现出这种文化密码。

江小白通过一些体现文化密码的情境化设置，将富有神话性的意识形态加以传达。其营销的成功并不依靠基于产品的"纯味"等功能利益，而在于创新性的文化表述，打动消费者的也正是这些元素的组合。江小白掌握了恰当的文化表述，用其意识形态、品牌神话和文化密码向时尚青年群体传递了富有品位的感受——反对奢华，追求纯粹与文化认同。而产品所带给消费者的强大的感性利益正是文化表述的结果。

附：文化创新五阶法的运用——耐克的文化密码[①]

耐克之所以成功绝不是因为它制造了较好的运动鞋，也绝非仅仅基于它的技术创新，而更多来源于其文化创新的成功，这使它能够在消费者的意识形态中植入"耐克具有最佳的性能表现"。虽然众多品牌都在从产品性能上挑战这一点，但没有品牌能够替代耐克在消费者心目中的地位。

1978年，耐克推出了第一双空气鞋——鞋跟采用了聚氨酯气囊，

---

① 文化创新五阶法和耐克的文化密码：根据道格拉斯·霍尔特与道格拉斯·卡梅隆所著《文化战略：以创新的意识形态构建独特的文化品牌》一书提供的素材和相关论点加以整理、提炼。

填充了压缩气体，在冲击之下可收缩并产生反弹。这款鞋被命名为"顺风"，一双鞋的定价是 50 美元，这是当时的价格"天花板"。这款鞋有着明显的功能优势，但却在大众市场反响平平，直到 10 年后才给公司带来巨大影响。显然，耐克在竞技运动员中所享有的高性能声誉并未转化为其在大众市场的助力。

耐克如果想取得突破，就必须将自己的运动鞋在大众市场进行推广。对大众而言，他们对运动鞋的性能的感受和要求与竞技运动员完全不同。要寻求在大众市场的销售突破，单在运动鞋的性能上做文章，显然效果是微小的。于是，耐克开启了文化创新战略。

1. 洞察文化正统：利用明星运动员战绩来佐证运动鞋性能

当时的运动鞋公司相互模仿，都在用老套的营销方法来宣传它们的运动鞋性能。每个公司都与明星运动员签订代言合同，在广告中他们穿上运动鞋展示其超凡技能，然后宣称他们之所以取得辉煌战绩，某个品牌的运动鞋功不可没。但大众在购买这些品牌的运动鞋时，并不指望它们能够提升自己的运动表现。

耐克当时与其最强劲的竞争对手阿迪达斯、虎牌以及其他运动鞋品牌都是这样做广告的。事实上，大众看不出耐克与其他运动鞋品牌有何真正的不同。

2. 辨识消解文化正统的社会断裂

从 20 世纪 70 年代开始，美国经济进入了一个重要的转型期，整个社会和文化都发生了深刻的变化。此前，在二战以后一直支撑着的这个国家的意识形态轰然倒塌。作为一个未被战争摧垮的主要经济体，美国在全世界有着巨大的政治影响力和文化声誉。在这段时间里，人们不必辛苦工作就能得到财富、机会和美好的生活。但在 20 世纪 70 年代，日本和西德在国际竞争中开始取得成功，而美国经济则进入滞胀期，并伴随相当高的通货膨胀。

美国人置身于一个风险更大、更困难、更不安全的工作环境中，他们极其渴望在文化中寻找榜样、获得激励和重建雄心。他们需要新的文化表述来指引并帮助他们，一些人开始认识到美国面临着全球竞争的超级挑战，而唯有保持早期开荒拓土的精神才可以让美国变得伟大。

3．运动鞋市场中的意识形态机遇

20世纪80年代，城市贫民窟成为这个国家最麻烦、最令人羞耻的地方，几乎在所有的大城市中都能找到这些贫民窟。贫民窟的出现是种族主义和失败的城市政策共同导致的结果。城市中最贫困的居民挤在一起，得不到公共资源。贫困导致家庭破裂，毒品犯罪猖獗，社会问题层出不穷。

而耐克正借此为品牌注入个人拼搏的意识形态，通过一种新颖而有力的文化表述，让人们将个人拼搏意志转移到自己的产品上。这种文化表述有力地鼓励了美国人，然后也激励着全世界。

4．采集合适的原始素材

在过去的媒体报道和社会影响中，耐克寻找了诸多可以运用的原始素材。

迈克尔·乔丹虽是一个从普通家庭长大的孩子，但他通过个人拼搏脱离了贫苦世界。耐克传达的是乔丹内在的意志和顽强拼搏的状态。

5．文化创新设计

耐克通过以上的素材，成功地拍摄了一系列的"Just do it."的广告作品，通过这一系列的广告作品，完成了自己的文化表述。而其间的个人拼搏成为最重要的文化密码，能够激发全世界观众的内心共鸣。

耐克利用这些广告作品成功地重塑了品牌形象。耐克将消费者的注意力带入了文化创新层面。

耐克的成功，在于它摆脱了"明星运动员佐证运动鞋性能"的这一文化正统，它没有去过多描述运动员们的不凡成就，而是讲述了他们拼搏的故事。这为消费者提供了一个更宽阔的视野，将他们的目光引向贫民窟，从而使人们领悟到日常生活中所存在的那些障碍根本不值一提。

耐克的文化表述如表6所示。

表6　耐克的文化表述

文化表述的三个层面	耐克的文化表述	
意识形态	个人拼搏精神	耐克的第一次突破发生在公司开始宣扬竞技赛跑运动员的个人拼搏意志之后，正是对这种精神的推崇激发了消费者的共鸣
品牌神话	"Just do it." ——通过体育克服困难	广告里的运动员们面对的是某种极其严苛的社会环境，他们凭借着（耐克推崇的）个人拼搏精神克服了这些障碍，最终赢得了胜利。所以耐克也能让消费者克服眼前的逆境，尤其是弱肉强食的职业环境，并且最终实现梦想
文化密码	耐克的"Just do it."系列广告所用的文化密码是关联了每一种生活困境的独特语言	例如，表现美国城市贫民窟的广告展现的场景有冷冰冰的高层公寓、铁链子围起来的破旧篮球场以及垃圾遍地的街道，所有这些密码叠加在一起，令人感受到贫民窟生活的严酷现实，也体会到了一个人想要打破这些生存环境的束缚所面临的巨大困难

耐克摆脱了文化正统，以充满力量的修辞讲述了拼搏者的故事。耐克成功地向消费者传达了应对严酷境遇所需要的挑战精神，它的意识形态充满了修辞的力量和自我成就的个人传奇。耐克也以这种富有感召力的文化密码，让自己成为一个具有全球影响力的品牌。

PART 3

第三部分

组织文化中的关键角色

强大的组织文化理应建立在人类的理性基础之上，而绝不是偏离理性的情感基础之上。

文化竞争力本身就是人的竞争力，而产品和技术的竞争仅是人的竞争的外化。从某种意义上来说，是什么样的人决定了什么样的文化，而文化又反过来塑造着人。人，首先是一个自然人，在社会文化的熏陶之下，才成为社会人。集体主义和团队精神正是人被文而化之的结果。

人是一种复杂的存在，它所涉及的是我们在这个世界的方方面面，包括思维、情感和行为。因此，文化理应是一种"人性化"的力量。人类经过文化的陶冶，可以知行合一，在群体生活之中不再诉诸野蛮暴力。团队精神应该建立在尊重个体的自由和正当权益的基础之上。只有这样才能唤起每个人内心真诚的奉献精神和集体荣誉感，将自身视为团队有机的一分子，否则团队精神（集体主义）的深层假设就会流于虚幻。

组织文化的形成关键在于人，文化最终是人的文化。故而文化中的人，自然是组织文化中的决定性因素。尤其是那些主导性人物，其所思所想、价值取向、行事风格都会或深或浅、或明或暗地对组织文化产生影响。

每个人都有着属于自己的意识形态，而企业作为个体的集合，自然成为意识形态的集合。而于此集合之中，企业如何加以筛选、包容和运用，如何把分散的意识形态整合为共有的文化基础，这个过程显示出企业管理者的重要性。

一家企业当中的企业家、领导者、管理者可能是一人多面，也可能是各有分工、各司其职。在一个初创型的企业中，企业家往往既是领导者，又是管理者。但当企业发展到一定规模以后，彼此的职责界限就会划分得较为明晰，企业家可能成为"甩手掌柜"，将企业全权委托给职业化的领导者和管理人。

在现实中，企业从上到下的各级主管都是既扮演领导者的角色，又扮演管理者的角色，这两种角色对职能的要求不同。约翰·科特认为，领导和管理是两个不同的概念。领导者的工作是确定方向、整合相关性、激励和鼓舞员工，其目的是推动变革；而管理者的工作是计划和预判、组织人员、控制节奏和解决问题，其目的是建立秩序。

总体而言，领导者在组织文化创建中不仅承担着为企业提供核心价值观与企业精神的责任，还肩负着从战略层面为企业设立愿景与使命的责任；而管理者则主要将企业的价值观、企业精神贯彻于企业的日常运营与管理之中，并努力去实现愿景与使命。

对于什么样的人适合做领导者、管理者，通常被引用的是关于三个石匠的故事。

有人问三个石匠他们在做什么。第一个石匠回道："我在谋求生计。"第二个石匠一边敲打石头一边回答："我在打造全国最好的雕刻作品。"第三个石匠仰望天空，眼睛放光，带着憧憬说："我在建造一座大教堂。"

显而易见，第一个石匠仅是一名以公平劳动换取报酬的普通工作者；第二个石匠专注于个人的技艺，他大概率会成为一位拥有精湛技艺的人；而第三个石匠才是真正的领导者和管理者。因为他知道自己想从工作中得到什么，而且会设法实现自己的愿望。

如果领导者和管理者是企业的创始人，他就有机会将自己的信仰、价值观和理念灌输给员工并通过这样的方式开始企业的文化创造进程。如果这家新生的企业获得了成功，那么它的文化元素就会在企业内部得到推广并发展成为企业文化。"领导力"反映的其实就是创始人给企业注入的这些观念，它们将被定义并被用于说明什么才是企业内部适合的领导方式。

企业需要建立团队，把每个人的努力融合为一股共同的力量，充分发挥团队精神。其中，自然离不开领导者和管理者。正是领导者和管理者将分散的个人力量聚集到一起，统一到共同的目标上。在企业中，每一个员工都有不同的贡献，所有贡献都是为了实现企业共同的目标。换言之，必须将企业中每个人的努力凝聚到共同的方向上，使他们的成果相互强化，使他们形成一个紧密的整体。

埃德加·沙因在《企业文化生存与变革指南》一书中说，企业文化存在于不同的层面。企业文化传递的信息与组织发展战略和经营管理理念密不可分，并且直接影响企业中人的行为。如果认为文化是一种让世界变得有意义、可预测，并避免因不可预测和无意义而出现焦虑（生存焦虑、安全焦虑）的机制，那么就可以通过明确企业主流文化的观点和元素来帮助其员工。

第七章　组织文化的领导者

英明而伟大的领导者不是靠激情演讲来鼓动企业员工的，而是靠理性说服力和自身感召力。

对于一个组织而言，领导者必须对"我们是谁""我们的目标是什么"和"我们如何做事"给予一定的回答。这些问题关乎组织的身份和发展的设想。对这些问题的回答，显示出领导者的价值观念。

亚里士多德说，一块石头在雕塑家的眼中不再是一块普通的石头，而是一座"未完成的雕塑"。因此，领导者是信奉"现实由未来决定"的人。真正的领导者不会不断重复自己的过去，沉湎于既有的历史，他即使反思历史也是为了寻找"未来之光"，他需要发现那些"尚未完成的现实"，并使之成为真正的现实。

领导者是带领我们创造未来的人，也是教我们创造自己未来的人。

领导者的首要职能是描绘愿景和规划战略。领导者的作用为：塑造所有层级的员工都认同的工作环境；激发每一个员工的工作热情；为员工提供所需的支持；关心使企业有效运行的工作事务；努力使员工对集体的成就感到骄傲，不仅因为从企业获得个人回报而满足。

企业的领导者既是文化的创造者，又是文化的产物。彼得·德鲁克认为，一家企业只能在企业家的思维空间内成长。企业的成长其实是被领导者所能达到的思维空间所限制的。

领导者在创造了组织或群体的同时也创造了文化。在企业和一般性组织中，领导应该是由行为和影响力来定义的，而并不仅是一个职位和角色。

领导者需要让自己具有更高水平的"文化智慧"，即更积极地去理解他人，同时也让自己的行为方式更具有灵活性。企业文化的传递往往是上行下效的，如果领导者不能以身作则，那么也难以要求员工。著名管理学家杰克迪西·帕瑞克在《管理者的自我管理》中曾说："除非你能管理'自我'，否则你不能管理任何人和任何东西。"要想让广大员工遵守企业文化规范，就要让他们看到企业管理者是如何带头的。

第一节 领导者是企业文化的创建者

企业文化既始于人，也终于人。领导者作为组织文化的先驱者和创建者，组织文化自然会成为领导者价值理念、使命抱负和行事风格的投射。

一家企业的文化优秀或正确与否，取决于依据企业所坚持的那些最基本的经营理念所制定的发展战略，能够在多大程度上帮助该企业有效应对其所处发展环境的变化。

19世纪伟大的发明家爱迪生就因为拒绝承认团队的力量，而致使他所创办的每一家企业都惨遭失败。爱迪生是一位出色的发明家、商业策划者，也懂得如何获取资金，他的雄心就是成为一个成功的商人和大公司的管理者，他想当然地认为管理企业就是当老板。他的发明有着广阔的市场前景，但他所创办的企业都在发展到中等规模以后就失败了。最终，这些企业只好逼迫爱迪生自己下台，由职业经理人接手管理工作，才得以存活下来。

当一家企业已经发展成一两个人已无法管理的规模时，它就需要一个高层管理团队来实施有效的管理。如果管理团队不能适时出现，那么企业就很可能因此遭受永久性创伤。员工会对企业不再抱有任何希望，并开始破罐子破摔。

所以，当企业发展到一定的规模时，它就不能再依靠创建者或少数一两个人的单打独斗，而需要专业的管理团队。而一支优秀的团队往往不可能在一夜之间建成。团队是建立在相互信任、相互了解的基础上的，只有经过一定时间的磨合，团队才能发挥真正有效的作用，文化也会因此而生。

如果我们能够有前瞻性地预见这一点，将企业的核心价值观、经营理念和发展的愿景明确下来，那么就有利于我们去寻找、选择所需要的管理者。

英国前首相温斯顿·丘吉尔说："人们塑造组织，而组织成形后就换为组织塑造我们了。"企业的领导者既是文化的创造者，又是文化的产物。

受文化影响的思维惯性、行为方式、组织关系，无时无刻不在影响着企业领导者最为看重的"结果"。埃德加·沙因在其《组织文化与领导力（第五版）》一书中说："领导者的重要才能就是其影响文化的能力。"人与文化之间的连接点就是领导者，领导者是企业文化推行的动力之源。

任正非说："领导者最重要的才能就是其影响文化的能力。人是受动机驱使的，如果完全利用这个动机去驱使，就会把人变得斤斤计较，相互之间没有团结协作，没有追求了。文化的作用就是在物质文明和物质利益的基础上，使人超越基本的生理需求，去追求更高层次的需求，追求自我实现的需求，把人的潜能充分调动起来，这些需求构成了整个团队运作的基础。要在这种追求过程中，与别人合作，赢得别人的认可。"

企业家的所言所行，对内可以感召团队，对外可以传播企业形象。

第二节　领导者承担的责任和具有的特征

成功的企业领导者会在股东、客户、员工三个关键利益群体间取得平衡，一旦发现某个群体被忽视，就会立即做出调整。

对于企业文化建设而言，领导者起到的作用异常关键。领导者可能会将个人的价值观念和愿景融入企业文化，使之成为企业文化的要素或重要构成。例如，任正非之于华为，马云之于阿里巴巴，刘强东之于京东，马化腾之于腾讯。

归结而言，有效的领导者应该具有如下的能力和特征。

一、领导者要明确定义和建立组织使命

有效的领导者并不依赖超凡的魅力。相反，超凡的魅力可能成为领导者的"梦魇"，它会使领导者变得自恋而顽固，深信自己永远正确，不会因时而变。在历史上，那些富有个人魅力的领导者往往会将一家企业带入深渊。而那些看起来并不具有魅力的领导者有时却能够取得真正的成功。

彼得·德鲁克说："真正的领导力不等同于超凡魅力和个性特征。有效领导的基础是对组织使命进行全面思考，并且要清晰明确地定义和建立组织使命，确立目标，明确优先权，确定并保持标准。"

二、领导者要懂得承担责任和妥协

领导者要将领导视为一种责任，而非职位或特权。

领导者除了能够清晰地界定使命和目标，还要能承担责任。杜鲁门有句名言："所有问题到我这里结束。"这是对领导者的最好诠释。

正是因为有效的领导者知道自己是最终责任的承担者，而不是他人，所以一般不会迁怒于人，他不怕同事和下属能力出众，也不会偏听偏信，喜欢溜须拍马者。他必然是一个寻找真相的人。有效的领导者不管自身个性如何，都会希望身边有能力出众、独立、自信的人。而无能的领导者总

是担心自己的职权受到威胁，进而发动"清洗"行动。

当然，身处利益不同和思想多元的群体之中，有效的领导者也同样需要妥协。

成功的领导者总是能够认识到自我的局限：没有任何一个人能够控制一切。但卓越的领导者知道什么是正确的，什么是值得做的。领导者的任务就是要将自己认为正确的选择告知众人，并赢得他们的信任。

彼得·德鲁克指出，目标是区分正确领导与错误领导的工具。彼得·德鲁克说："领导能力的本质是一种工作表现。它本身并无好坏之分，领导能力是一种手段。而领导能力要为什么样的目标服务才是最关键的问题。"一个人在现实约束条件下做出的妥协与他的使命或者目标是相一致还是相背离，是界定他是不是一个有效的领导者的标准。另外，要看他本人是否能坚持一些基本的标准，而不是违反自己的使命和目标。

三、有效的领导者以言行一致为做事的出发点

领导者的唯一定义就是拥有跟随者。有效的领导者不是以聪明为基础，而是以言行一致为做事的出发点。

如果一个身在领导职位的人习惯虚掷言辞而自己却不能身体力行，则必然损害其自身的权威性，并难以赢得别人的信任。

有效的领导者需要赢得别人的信任，拥有真诚的追随者。而追随并不一定是出于对领导者个人的喜欢，而是出于信任。信任并非指所有观点和意见都与其一致，而仅是因为与其拥有共同追求的愿景和目标。

四、领导者要善于利用别人的远见卓识

一个不断神化自我的领导者对组织而言是极其危险的。他若变得自恋、褊狭、看不清现实，就将失去最为重要的组织平衡能力，让反面意见和真正的问题被掩盖。领导者需要将自己的雄心壮志以理性的方式展示给团队，尤其在其声望不足以"登高一呼，万众紧随"的情况下。

当然，有效的领导者都知道这样一个事实：有能力的人通常都是雄心勃

勃的。当领导者的雄心超过其团队的才干时，组织所面临的风险将会不断出现。有效的领导者最重要的任务就是善于开发别人的能力，利用他们的远见卓识，而不是沉陷于狭隘的嫉妒和猜疑中。真正卓越的领导者并非要在各个方面都表现出自己的"指导能力"，正如韩信对刘邦的评价，卓越的领导者不一定善于"将兵"，但一定善于"将将"。

五、有效的领导者应该勇敢面对风险

正如乔治·巴顿将军说的那样："我们从来不留恋已经取得的成绩，这些都是留给敌人的。我们总是勇往直前，击败一切困难，稳步向目标迈进。"任正非也说："要打破自己的优势，形成新的优势。我们不主动打破自己的优势，别人早晚也会来打破。一定要把企业的优势去掉，一家企业只有去掉优势才会更有优势。"

卓越的领导者应该面向未来，而不是将人们带回过去。他应该拥有前瞻的视角和广阔的视野，拥有远大的眼光、见识，掌握充分的信息。当然，他也必须要从现实的根基中汲取营养，并丰富和培育自己的文化。

当今，快速变化的经营环境是对企业家领导力最主要的挑战，过去许多有效的方法都很快失效了。企业家既有对变革的恐惧，又有面临变革的迫切需要。对于外部世界，真正重要的不是趋势，而是趋势的转变。趋势的转变是决定一个组织努力成败的关键所在。领导者必须对这种转变有所觉察。也就是说，在趋势转变时，保持组织的适应性非常重要。

故领导力实质上是一种判断力和影响力，主要体现于影响人们为组织或群体的目标做出贡献的过程中。在机会主义时代，只有那些能够抓住机遇的人才有可能取得成功，他们不需要合理规范的管理制度，更不需要明确的经营理念，只需要看准机会，带领大家干出成绩。这时候评判领导力主要看的是捕捉机会的能力，"不管白猫黑猫，捉到老鼠的就是好猫"。

当然，投机者的成功有着很多幸运的成分。因此，并不能用一时的成绩来判断一个人是否有领导力。真正的领导力来源于价值判断——对自身

价值和客户价值的判断。

第三节　文化创建中领导者应持有的信念与原则

盈亏是所有商业企业永远不会忘记的事情。提出企业愿景和价值观的企业家并不是乌托邦式的空想家，而是那些脚踏实地的经营者。他们虽然会遭到庸俗现实主义者的误解，但是，他们仍会以一贯的规则要求自己，最终告诉世人，他们并不会停留在美妙的口号上，他们会将之落实到每一个具体的行动上。

对于领导者而言，在建立或推行有效的企业文化时，只有坚信自己所做事情的价值，才能获得成功。当领导者全身心地寻找有支撑力的价值和信念时，文化的领导力就产生了。

一、坚定信念，明确原则

就像王阳明在一首诗中所说的那样："吾心自有光明月，千古团圆永无缺。"核心信念是企业文化的基础。信念会告诉人们什么是神圣崇高的，什么是可以接受的，什么是令行禁止的。在常规事件中，信念规定了行为的隐含规则。

向员工和客户开诚布公地表达企业更高层次的信念十分重要，这是赢得员工和客户对企业的信任和尊崇的关键。当然，即使这些信念在别人看来多么凌空蹈虚，企业的管理者也应该对此深信不疑。

这些信念以有形的方式被固定下来。例如，设计上墙或印制成目标手册，激励员工沿着企业所展望的方向前进。

领导者的信念，理应转化为企业一致行动的愿景。而愿景可以视为将信念化为目标所展现的图景。

> 阿里巴巴的愿景是：成为一家活102年的好公司，让客户相会、工作和生活在阿里巴巴。其使命是：让天下没有难做的生意。

> 京东的愿景是：成为全球最值得信赖的企业。其使命是：技术为本，让生活更美好。其价值观是客户为先、创新、拼搏、担当、感恩、诚信。
>
> 华为的愿景与使命是：把数字世界带入每个人、每个家庭、每个组织，构建万物互联的智能世界。
>
> 强生公司的使命是：公司之所以存在是为了减轻痛苦和疾病。
>
> 沃尔玛公司的使命是：我们之所以存在是为了给顾客提供价值——通过更低的价格和更多的选择使他们的生活更好，其他所有事情都是次要的。

在事业未竟之前，这些表述都让人感觉是乌托邦式的空想，只有当这些企业家将雄辩的事实呈现出来的时候，人们才会发现其理想的崇高。成功企业家的理想并不是赚钱，他们的愿景表达了他们存在的理由，而利润仅是他们追求崇高目标过程中的回报。

企业的愿景表达了企业存在的理由，为世界、为社会及他们的客户提供更好的产品和服务。在追求崇高目标的过程中，盈利仅是随之而来的回报而已。伟大的企业家不仅是致力于提高利润、促进成长、实现经济目标的商人，往往还是社会进步的有力推动者。

二、让"快乐工作"成为普遍的意识形态

阿里巴巴和微软都将"快乐工作"作为一种主张大加宣传。微软提出"Work hard, play hard."的号召，阿里巴巴提出"认真生活，快乐工作"的号召。

"快乐工作"，虽然在一些国际化的大企业里没有被提出来，但作为一种意识形态是普遍存在的。人们享受工作的成果，也享受工作的过程。

"快乐工作"，体现出企业对员工的一个承诺：开启一个让劳动成为乐趣的摩登时代，而不再像过去那样，将工作视为一种强烈的负担和一种对自我的钳制。

这个口号其实包含着某种革命性的观念，因为它让两个完全相悖的概念得到了平衡：一个是重复性的劳动对人时间和精力的占用，另一个是人根深蒂固的追求个体化与自由的想法。提出这种号召，意味着这两个相悖的概念在这些企业中是可以调和的。

提出这句口号可以让企业散发出"招蜂引蝶"式的魅力，让诸多视工作为累赘的人心生向往，这句口号也契合那些本来就热爱工作的人的心境。当然，"快乐工作"并非仅是一句口号，它体现于企业的各个方面。例如，在阿里巴巴，员工享有很大的自由去自己安排时间与工作，他们可以躺在舒适的沙发上工作，也可以在飘荡着轻音乐的咖啡馆里工作。在公司内部有着许多休闲设施，他们可以一边工作一边玩。在这样的环境中，员工可以听音乐，欣赏美术作品，参加体育运动。在企业文化设计上，阿里巴巴展现出诸多亲和力。

"快乐工作"作为一种意识形态，具体的文化特征是"工作快乐化"。适度的紧张和放松舒适的工作环境，都可能让人们做出更好的成绩。为了完成既定的任务，为了达到个人和企业的目标，为了获得更丰厚的回报，我们都必须以理性、严肃的态度来对待工作。但快乐，激发了人们的创造力和想象力，使人情绪状态良好，有充足的幸福能量。

事实上，任何一种文化都包含一定程度的享乐性。人在放松的状态下，往往能被激发出更大的创造性。区别在于，每个人获得乐趣的方式并不一样，一种在别人看似枯燥无味的事情，对另一个人而言，可能充满着乐趣。

文化重塑的过程可能会引起组织结构、业务流程等方面变革，这些变革可能会造成裁员和岗位变动，管理层和普通员工都可能会因此陷入某种恐慌之中。如何消除工作场所的恐慌，对重建文化的管理者来说，将是一个巨大的问题。

这就要求企业尊重每一个个体，保障每个员工的权利，把企业的命运与他们绑在一起，保持开放的氛围，保证政策的透明性和公正性，打消大家的疑虑，培养信任，驱除工作场所的恐慌。

三、倡导并激励差异，并实现分类、分层管理

理想中的正义应该依存于真理和人性。阿里巴巴一直主张："价值观保持方向正确，KPI指导做事正确。"阿里巴巴将员工分为五种：第一种，既无业绩又无价值观，这种员工往往会被辞退；第二种，业绩好但价值观不正确，这种员工会被督促改进，如不改进也会被辞退；第三种，无业绩但有价值观，这种员工被称为"小白兔"，他们会得到帮助，但如果一直无业绩，也会被淘汰；第四种，业绩正常、价值观正常，这种员工会得到培养并不断提高；第五种，业绩好、价值观也好，这种员工会受到重视，薪资上涨，职位会得到晋升。

企业的员工不是千篇一律的，他们有不同的个性，也有不同的专长。即使按照工作性质或岗位分类，员工的类型也是不同的。针对不同类型的员工，如果采取同一套管理方法，可能会让部分员工的个性无法发挥，激励员工的效果也会大打折扣。因此，最好的办法就是进行有针对性的管理，建立不同的培养机制和评价体系。华为以"全力创造价值"为管理指向，对不同层级的员工有着不同的要求——让高层有使命感，让中层有危机感，让基层有饥饿感。

华为要求高层管理者担负起企业文化和价值观传承的使命与责任。要能够"以客户为中心，以奋斗者为本，长期艰苦奋斗，坚持自我批判，开放进取，至诚守信，团队合作"，具有影响文化的能力；能够贴近客户，抓住客户需求，敢于胜利并善于胜利；有清晰的主攻方向，抓主要矛盾；能够站在全局立场，恰当开放、妥协，在改良中前进；能够帮助下属，带领团队实现组织目标等。

华为要求中层管理者：要以身作则，冲锋在前，要敢讲真话，不能明哲保身，唯唯诺诺；在工作中要从全局出发，多与周边部门交流，不能只顾本部门利益；应走出办公室，到一线去了解市场情况，不能整天待在办公室里；还要时刻践行企业文化，为下级员工树立学习的标杆；坚持对事负责，对目标负责，能够公平对待下属。

华为建立了分权与制衡体系，使中层管理者既可放开手脚开展工作，又不越轨。

四、文化的植入、督导与评估

企业的运作严重依赖其内部各种亚文化的协调一致，这就意味着理解并管理亚文化的动力机制对领导者至关重要。埃德加·沙因说："企业文化的本质是大家共同习得的，是使企业得以良好运转的信念和价值观，因此能够得到大家理所当然、不加置疑的接受和认可。并且，随着企业持续地获得成功，这些信念和价值观会逐渐成为所有员工共享的默认假设并发挥更大的作用。"

1．领导者采取的措施

对于关注文化领导力的领导者而言，他们必然会问：我如何开始？可以尝试的做法有以下六条。

（1）写出你希望与组织成员共享的若干个核心信念。

（2）放下自己所拥有的代表权力的身份，以平等的姿态走入员工队伍，与他们随意地聊天。与那些你不熟悉，而且他们可能也不熟悉你的普通员工打成一片。

（3）发现员工们相信的企业核心是什么。当某些主题反复出现时，你可能接近了现有企业文化的"真相"。

（4）尝试去理解员工为什么相信他们所相信的东西。他们的观点往往具有真正的价值。

（5）能以普通员工的视角看待企业，把他们的观点与你当初写下的观点进行比较。如果二者存在明显的差异，那么则意味着你在塑造高凝聚力的企业文化上面临着严峻挑战。

（6）你还可以与刚入职的员工举行一系列非正式会议，他们是一些还没有受到企业文化熏陶的人，他们会告诉你他们所期待的和认为正确的观点是什么。同时，你也可以与那些已经离职的员工聊天，他们有着老练的洞察力。对比两个方面的答案，你可以为自己打开一扇窗。

完成以上的步骤，你应该可以了解文化运行的真实现状。但了解情况以后，不要贸然行事，要给自己深思熟虑的机会，对自己的信念加以概括和提炼。这时，你需要在一些问题上明确自己的立场。这些问题包括：你的信念是什么？为什么你认为其他人有必要与你共享这些信念？当这些信念变得根深蒂固以后，你需要保证一些基本原则的正确。然后，你需要获得一些人（各级管理者）的支持，并训练他们的文化领导力。

2. 文化的植入——从事到人

领导者可以通过自身的关注事项、具体行动以及正式陈述来宣扬自己的价值观和信念。

领导者持续关注、奖励、控制某个领域本身就是在向企业传达自己的价值观和信念。如果领导者注意太多的事情，或者他们的关注点不一致，下属就会使用其他信号或依照自身的经验来判断什么是真正重要的，从而催生出更多元的假设和更多的亚文化。

赋能型的领导者能把自己视线的焦点从"事"转移到"人"身上，通过为团队培养优秀人才来实现执行战略、完成企业要务的目标，也就是通过关注"人"，达成关于"事"的目标。

埃德加·沙因在其《组织文化与领导力（第五版）》一书中提到了文化植入的几种机制。文化的植入机制如表7所示。

表7　文化的植入机制

主要植入机制	次要强化和稳定机制
领导者要定期关注、衡量和控制哪些领域	组织设计和结构
领导者如何应对重大事件和组织危机	组织系统与程序
领导者如何分配资源	组织的仪式和典礼
有意识地进行楷模培养、教学和辅导	物理空间、外墙和建筑物的设计
领导者如何分配奖励和职权	重要事件和人物的故事
领导者如何招聘、选拔、晋升和辞退员工	组织哲学、信条和章程的正式表述或说明

3. 文化的督导、调查及评估

任正非曾说:"华为公司就是要解决一个综合平衡问题。综合平衡最重要的基础就是文化。如果没有一个文化上的统一认识,就无法综合平衡。'从心所欲,而不逾规',不是约束你,而是要你综合平衡,自我修正、自我调整、自我前进。"

文化落地之根本表现在于群体行为的改变。而群体行为的改变,一方面是主动改变,即内心认同后自觉转变行为;另一方面是被动改变,即行为约束促使内心认同。两种方式缺一不可。让企业文化成为全体员工的价值判断标准和行为习惯导向,只有这样文化才会被赋予真正持久的生命力。

文化落地是一个长期的过程,长效机制可在制度的执行、奖惩的实施、绩效的评判、人才的考察、新员工的文化培训、持续的文化宣导、榜样的树立与宣传、故事的征集与发布等方面持续开展。

企业文化评估机制是企业文化建设与落地工作的重要推动力,是企业文化建设过程与成果的检验体系。建立企业文化评估机制,定期进行文化建设效果评估,目的是更好地落实企业文化落地责任,提高企业文化落地实效。只有将评估结果真正运用到企业文化管理工作中,将之作为科学决策的依据,同时进行相应的奖惩,才能使文化建设与落地工作逐步走向深入,确保企业文化与企业发展相吻合。

我们可以从丹尼森组织文化模型所提示的四个层次十二个维度出发。

附:文化考察与测量——丹尼森组织文化模型

瑞士洛桑国际管理学院著名教授丹尼尔·丹尼森,在经过对1500多家样本企业的研究后指出,参与性(involvement)、一致性(consistency)、使命(mission)与适应性(adaptability),这四大文化特征对一个组织的经营发展具有重大影响。

丹尼森将每一种文化特征细分出三个维度加以考察:参与性从授权、团队导向、能力发展方面进行考察;一致性从核心价值观、配合、协调与整合方面进行考察；使命从愿景、目标、战略导向与意图方面进行考察；适应性从组织学习、顾客至上、创造变革方面进行考察。丹尼森组织文化模型如图8所示。

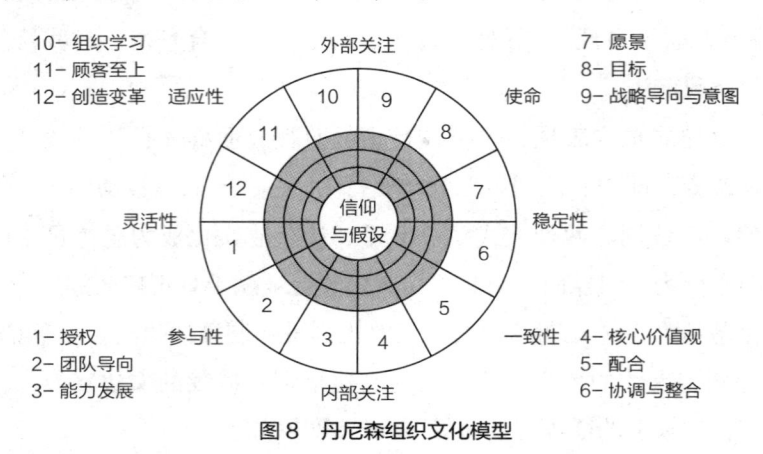

图8 丹尼森组织文化模型

利用四个层次十二个维度，我们可以比较准确地描绘出某一组织的文化类型与特征。

（1）参与性：参与性的考察与测量主要涉及员工的工作能力、主人翁精神和责任感。

■ 授权：员工是否真正被授权并承担责任？员工的主人翁意识和工作积极性如何？

■ 团队导向：企业是否重视并鼓励员工相互合作，以实现共同目标？

■ 能力发展：企业对员工学习和成长的愿望的满足程度如何？

（2）一致性：用于衡量企业的内部凝聚力和向心力的情况。

■ 核心价值观：企业是否存在着共同信奉的价值观，并对未来抱有明确期望？

■ 配合：领导者是否具有在关键问题上与员工达成一致的能力？

■ 协调与整合：企业中各职能部门和业务单位是否能够密切合作？

（3）使命：这一文化特征帮助判断企业是否具备远大而明确的目标和志向。

- 愿景：员工是否就企业未来的理想状况达成了共识？这种愿景是否得到企业全体员工的理解和认同？
- 目标：企业是否周详地制定了一系列与愿景和战略密切相关的目标，可以让每个员工在工作时做参考？
- 战略导向与意图：企业是否拥有明确的战略意图以展示企业的决心，并使员工知道该如何为企业的战略做出自己的贡献？

（4）适应性：该文化特征主要反映企业适应外部环境的能力，包括对市场和顾客的各种直接、间接信号的捕捉能力和反应速度。

- 组织学习：企业能否将外界信号视为鼓励创新和吸收新知识的良机？
- 顾客至上：企业是否了解自己的顾客，能否使顾客感到满意，并能预计顾客未来的需求？
- 创造变革：企业是否学会仔细观察外部环境，预计相关流程及变化步骤，并及时实施变革？

在丹尼森组织文化模型中，适应性与参与性强调组织的灵活性，而使命和一致性则强调组织的稳定性，两者构成了一对矛盾。适应性与使命强调的是一个组织对外部环境的适应能力，参与性与一致性强调的是组织内部的和谐能力，外部关注和内部关注又构成了组织文化建设中的一对矛盾。

两对矛盾，是一个组织在文化建设中所要平衡和解决的主要冲突。是否成功化解这两对矛盾，决定了一个组织文化建设的成败。

第八章 组织文化的管理者

管理者的本质由被管理者定义。管理者需要使个人与他人建立起联系,并将个人奉献给其忠诚服务的群体。

彼得·德鲁克认为,管理者的角色要求管理者不断地进行抉择。在"做正确的事情"和"正确地做事情"之间,管理者首先要以"正确地做事情"来要求自己,而不仅仅是让自己遵照既定的规程去"做正确的事情"。管理者只有清晰地了解并认同企业的价值观、愿景与使命,以及企业所设定的目标,才能真正知道该如何"正确地做事情"。

企业文化发展的目标,就是让企业的价值观和经营宗旨落实到员工的日常工作和生活中,不断强化员工应对变化的能力,让企业实现人与环境相一致。因为文化管理的重心不在于"文",而在于"化"。文,意味着规范和表现形式;化,在于认知与行动。当然,确立规范和表现形式也极为重要,是矫正认知和行动的前提。

企业管理者会成为企业文化的映射,管理者的意识形态观念也会融入企业文化,促进企业文化的生成与发展。管理者肩负着企业的发展使命和个人的目标,既需要"入乎其内",也需要"出乎其外",从而使个人的目标实现与企业的使命达成相统一。

管理者在企业中成为权力的象征。管理者散落在不同的职能部门、分公司和具体的工作岗位中,他们贡献和处理问题的方式方法,为巩固和强化企业文化价值观提供了机会。

管理者的角色本身体现出企业的价值观,他们的行为也在无形中塑造着企业文化。他们被视为企业员工学习的榜样,并成为企业文化的某种标识。

在一个凝聚力很强的企业里,生机盎然的企业文化能够为企业目标的实现做出持久的贡献。这种文化的活力来源于管理者与员工的通力合作和相互学习。在纷繁的意识形态所组成的文化拼图中，他们寻找和谐共振的文化密码。一些文化要素交织起来，最终产生共同的价值观，共同的价值观创造出共同的行动，共同的行动唤起团队精神。

第一节　管理者的任务和应对的难题

在现代社会中，企业是人们进行社会交往最为基本的场所。水果店、造船厂等无一不涉及人与人的社会合作。即便人们到某一机构中工作是为了满足个人需求，工作场所也不免让他们与更为广阔的社会产生联系。这样的联系不仅是获取薪水的手段，更是人类生活的一部分。人固然有私欲，但亦渴望成为更广大的共同体中的一员。当没有规范和规则来连接个体的时候，人们会感到强烈的不安，这就是社会学家埃米尔·涂尔干[①]所说的"失范"（anomie）。现代社会的工作场合会缓解或消除这样的不安。

一、管理者的基本任务

管理者的基本任务就是让文化成为行动。或者说，让文化融入行动。如果没有活泼的行动支持与佐证，组织文化就会变得苍白而虚弱。

埃德加·沙因在《企业文化生存与变革指南》中指出，如果想要优化企业的运行效率，就必须理解企业文化在组织中所扮演的角色。管理者应该首先将重心放在应对业务挑战上，而不是为了文化变革而变革。当业务产生问题时，如面临增长缓慢、顾客满意度下降、产品质量下降等情况，我们可以从文化入手帮助解决业务问题；或者当我们发现文化妨碍了问题的解决时，就必须做出改变。所以，需要先对业务问题进行分析，再研究文化与业务的关系，分析文化是优势还是劣势。

为了使企业能够长久、良好地运作，企业管理者必须完成如下三项最

[①] 埃米尔·涂尔干（Émile Durkheim, 1858—1917），法国社会学家、人类学家，《社会学年鉴》创刊人，与卡尔·马克思及马克斯·韦伯并列为社会学的三大奠基人。主要著作有《自杀论》《社会分工论》等。

基本也是最重要的任务。

第一，设定企业的目标和使命。任何组织都是为了某种特殊的目的和使命而存在的。对于企业而言，其最重要的目的和使命就是产生经济效益。

第二，确保企业富有生产力，并使每个员工都能产生效益。管理的根本目的在于让员工完成工作。工作是现代人实现个人成就、满足个人需求、与人交往的必要手段。管理者应尽可能地帮助员工完成工作。

第三，产生社会影响和承担社会责任。任何组织都不仅为了自身而存在，企业之所以存在，就是为了向顾客提供满意的产品与服务。因此，企业需要使自身利益与社会责任相结合。

哈罗德·孔茨[1]和海因茨·韦里克[2]把构成领导力的要素概括为四种综合才能。

1. 有效地以负责任的态度运用权力的能力。

2. 了解在不同时间和不同情境下激励因素的能力。

3. 鼓舞人们的能力。

4. 以某种活动方式来营造一种有利的氛围，以此激励人们并使人们具有相互激励的能力。

显然，这里的领导力更多是针对具体事务的管理者而言的。传统的观念认为，管理与创造是矛盾的：管理机制要求统一、集中、确定；创造则要求直觉、不确定性、自由和打破传统。当然，不同的管理方式在不同的企业当中体现出不同的特点。对于创新型企业而言，管理致力于消除各种障碍，保证资源能够按需而取，让员工可以充分发挥创造力。

二、管理者必须面对的现实难题

虽然我们说管理是一门艺术，但管理者并不是一个以表现自我为中心

---

[1] 哈罗德·孔茨（Harold Koontz，1908—1984），管理过程学派的主要代表人物之一。获美国耶鲁大学博士学位。代表著作有《管理学原理》《管理理论丛林》等。
[2] 海因茨·韦里克（Heinz Weihrich），美国旧金山大学国际管理和行为科学教授，SWOT矩阵的创始人。该方法被广泛应用于战略制定领域。代表著作有《管理学：全球视角》《管理学精要》等。

的艺术家。人们不仅从行为上看待管理者，更多从可检验的行为结果上看待管理者。

企业要想取得良好的业绩，各项工作就必须以达成企业的整体目标为导向。企业的成功经营，既需要有适当的产品战略，又需要战略顺利实施的过程保障。而战略受文化约束，文化决定战略是否正确。

管理者对企业文化的维护和建设尤为重要。他需要了解别人的需要、别人努力的方向、别人的界限和别人的理解程度，必须从更广和更深的层面思考问题，在直接做出自己贡献的同时帮助到他人。

德鲁克在其《卓有成效的管理者》一书中，对知识社会中的管理者给予了全新的定义。

1. 管理者是组织的"囚徒"，他的时间属于别人，而不属于自己。从工作的状态而言，管理者是被问题驱动的人。任何人都可以通过问题找到他，他必须让自己处于解决问题的状态当中。当别人将问题反映到他这里时，他必须给出一个解决问题的对策。如果这个问题超出了他的职权和能力，那么他必须向上级反映，或组织大家一起寻求解决问题的方法。

2. 管理者需要一套解决问题的判断标准，但在现实中却很少或者根本找不到他们所需要的标准。管理者被一系列的琐事所掌控，这些琐事会占据他很多的时间和精力。

3. 管理者是使别人增值的一种"工具"，只有当别人能够利用管理者做出贡献时，管理才是有效的。管理者的知识和才干会被组织所吸收，从而成为别人做好工作的动力和源泉。

4. 管理者关注企业内部的事务，管理者被自己所在的组织所驯化，在看待外部环境时，也往往会戴上组织的"眼镜"，并在无形中成为组织人格的映射。

5. 管理者必须具有一定的视野、优势和成就，以及企业出现变化时的应对能力。只有重视工作的成效，才能使管理者的注意力不为其自身的专长所限制，不为其所属的部门所局限。只有重视企业的整体效应，才能使管理者重视外部环境，不仅仅把目光聚焦于企业内部。

6. 管理者不仅要了解自身的优势和价值观，还要善于管理自己的时间，做有效的决策，发挥沟通的作用，在应对社会变化的过程中，能够更好地创造未来。

三、根植于组织文化中的管理

如今，企业间的竞争已经不再是单一产品的竞争，而是全面价值链的竞争。产业与资本、技术、知识的融合度非常高，这也给企业带来了多样化的挑战。企业要想获得生存与发展，就必须应对更多的挑战。新的经营模式和管理方式也在不断出现。

正因为我们需要应对的是一个不断变化的世界，所以企业文化应该适应企业在经营过程中出现的内外变化，并在这种变化中起到稳定的作用。因此，企业文化是企业发展的根基。

虽然内外部环境不断发生改变，但管理的基本任务始终没有改变，那就是：使员工能够为了共同的目标，带着共同的价值观，在适当的组织内，对外界变化做出回应。

不注重有效性的管理者注定不是一个合格的管理者。用汤用彤先生的话来说："事不避难，义不逃责。"这也是对管理者职能的一种要求。

有效的管理建立在有效的沟通的基础上，有效的沟通是团队合作的基础。另外，管理者在寻求自我发展的同时，还需要培养他人。唯有如此，才能使自己的工作变得卓有成效。

第二节　管理者的影响及职能要求

一、管理者对组织文化的影响

一个有效的组织既离不开良好的制度保障，也离不开有效的管理者。

彼得·德鲁克对管理的本质有着精辟的阐释："管理是一种实践，其本质不在于知，而在于行；其验证不在于逻辑，而在于成果。其唯一的权威性就是成就。"

管理规范及管理过程，本身就是组织文化的一部分。管理者的言行都会对组织文化产生一定程度的影响，而这种影响可能是管理者所追求的，也可能是在不自觉中发生的。

智力、想象力还有专业知识，都是管理者用以管理的重要资源。但资源本身具有一定的局限性，如果管理者能够认清自身的某些局限，并懂得利用别人的优势加以弥补，将自身的资源和别人的资源结合起来，以目标为导向，促进成果的转化，那么他就会是一个富有成效的管理者。

管理者只有让员工发挥优势，激发团队潜能，并使他们对企业做出真正的贡献，才能算是卓有成效。

管理者需要通过对管理原则、责任和实践进行研究，探索如何建立一套有效的管理机制和制度。如果制度没能被具有职业道德的员工遵守，那么该制度就会土崩瓦解。

二、组织文化的践行者——管理者

对人的管理不在于控制，而在于引导、激励和调动，要发挥每个人的主观能动性。管理者要在特定的企业文化中发挥作用，他要么做文化的遵从者和顺应者，要么能够在传统文化的基础上发掘出更优越的文化。事实上，管理者总会在企业文化的形成与嬗变中起到重要的作用，并最终成为企业文化的践行者和推动者。

弗里德里希·哈耶克认为，智力不是文化进化的向导而是它的产物，它主要是以模仿而不是以见识和理性为基础的。理性的人积极追求自由，而非消解自由。人们可以在"解放"中获得自发的秩序。组织文化的进化机制不是达尔文主义的机制。

管理者自然成为组织文化的践行者，同时也是其他成员所效仿的榜样。因此，管理者必然是严于自律的人。正是因为管理者拥有自律的品格，才能以此规范团队，唤醒每个团队成员的内心，将硬性的管制化为自觉，让成员从事务性的困境中获得解放，从而实现更大的自由。

三、管理者应具有的理念、认知和素养

1. 管理者应具有人本主义的思想

杰克·韦尔奇提出了判断优秀管理者的 4E+P 理论，即优秀的管理者应该具有的品质为充沛的精力（energy）、激发别人的能力（energize）、判断的能力（edge）——敢于提出强硬要求、执行的能力（execute）——不断将远见变为实际的能力，以及激情（passion）——对工作有一种强烈的兴奋的感觉。

美国心理学家乔治·埃尔顿·梅奥在其《工业文明的社会问题》一书中，基于他所做的著名的霍桑实验[①]的结论，提出管理不能够只关注组织目标而忽略个人需求，也不能够只强调个人需求而伤害组织目标，只有个人和组织都能够得到同等关注并实现各自的目标，管理才能够有效。

从梅奥开始，管理对人的因素的关注超越了物质的因素。今天，企业管理者强调的"以人为本"的理念，正是梅奥人际关系学说的核心思想。梅奥深刻地认识到人与组织的密切关系，强调人存在于组织环境中，而不是社会中。由此，他提出如下六大主张。

（1）以人为本。

（2）人存在于组织环境中，而不是社会中。

（3）人际关系中的关键活动是激励人。

（4）激励是以团队精神为导向的。

（5）集体既能满足个人需求，又能实现组织目标。

[①] 霍桑实验是管理心理学中的一个关于人群关系运动的著名实验，于 1924—1932 年进行，由梅奥教授主持，因在西方电器公司霍桑工厂进行而得名。实验发现，工人的态度在决定其行为方面起重要作用，工人不只是受金钱刺激的"经济人"。霍桑效应是一种人类行为学和心理学上的现象，它指的是在研究者的观察中，被观察者的行为会受到观察者的关注和期望的影响，从而出现行为上的改变。这种现象在行为学研究中非常常见，也被广泛应用于各种实验中。

（6）个人与组织都想以小的投入获得大的产出。

梅奥创立的人际关系学说，使西方的管理思想进入行为科学管理理论的研究阶段。人际关系学说被广泛地应用到 20 世纪 30 年代的管理实践中，对当时乃至今日的企业管理产生了重大影响。

一个现代的合格的管理者，应该具有如下四个方面的关键特征。

（1）对社会重要性的信念。企业管理者应肩负社会的责任，不能仅关心企业，还要在意自己为社会所带来的影响及贡献。他们应以高度的责任感来审视并参与社会的运转。

（2）对人的关注。管理者应该笃信人的内在禀赋和潜能，无论对待顾客还是员工，都能拥有"以人为本"的思想。顾客只会为有价值的东西买单，而员工只会为尊重其权益的人工作，工作应为员工带来归属感。

（3）对绩效的关注。管理者有责任让企业健康持久地经营下去，因此，需要在短期和长期之间取得平衡，需要将成果负责制渗透到组织的每一个层面，能够应对变化所带来的挑战。

（4）拥有基于实践的终身学习的观念。学习可以带给管理者更广阔的视角，提升管理者的能力。终身学习的观念让管理者不仅拥有处理今天问题的能力，还拥有处理复杂问题和变化问题的能力。

对管理者的伦理要求：绝不明知其害而为之

早在 2500 年以前，希腊医师希波克拉底就在誓言中指出，专业人员的首要责任就是"绝不明知其害而为之"。"绝不明知其害而为之"，是专业人员需要遵守的基本伦理准则，也是公共责任伦理的基本准则。

无论是医生、律师还是管理者，没有一个专业人员能够保证他一定能为顾客带来利益，而他所能做的就是尽力而为。反过来，顾客也必须相信专业人员能够知其害而不为。专业人员必须要有自主权，能够独立自主地运用自己的知识来做出合理的决定，不能由顾客来控制或命令。其享受自主权的基础及自主权存在的依据，必须是"把公众利益放在首

> 位"。换言之,专业人员拥有自主权并且不受政治和思想意识的控制,但其言行必须受到顾客利益的制约。

2. 建立在成员感知和期望基础上的沟通

在习惯思辨、批判的文化土壤里,只有广泛的讨论才能带来方案的优化。然而我们今天所处的文化环境崇尚和平,因此,争辩的文化被"放逐"到了边缘之地,取而代之的是一种自恋的文化,或盲目听信于某位专家。而在新媒体领域,似乎每个人都急于向世界输出自己,自我推销已经成了一种社会惯例。每个人都自觉、自动地高举自己的名片,想要自己的声音被别人听见,虽然实际上并没有什么可以说的。

沟通是双向的信息交流,我们首先需要学会的是倾听和接受。彼得·德鲁克说:"沟通是一种感知和期望,也是一种需求。"

苏格拉底认为,人们必须使用通过对方的经验能够理解的语言来进行沟通,即使用木工了解的语言同木工说话,使用医生了解的术语同医生交流。因此,如果不以沟通者自身的经验为依据,超出他们的感知能力,他们就不能理解和接受沟通的内容。

从情感和经验来说,每个人都有自己的盲区。无效的沟通就如盲人摸象,各执一端。在现实生活中,一个人所感知的往往是其期望去感知的东西,本能地抵抗那些不期望的东西,从而造成偏见。如果一个人接受的始终是单维度的信息,他的偏见就会越来越深,他就会越来越顽固,这会使一些人即使对简单的事物也缺乏正确的理解。

人们往往把各种印象和刺激纳入某个期望的框架,并竭力抵抗观念的改变,把新的、正确的思想、观念和见解,当成文化的入侵。一个不主动寻求自我思想革新的人,最终会成为自我的"囚徒",因固守成见而变得视野褊狭。

有效的沟通必须建立在对对方了解的基础上。我们只有了解了接收信息的人期待看到和听到的是什么,才能够弄清是否可以利用他的期待来进行沟通。我们所需要的不是呈现自己的判断，而是像他们所期待的那样给出正确的信息和事实，让他们觉醒，从而自己得出正确的结论。

沟通始终源于动机，沟通发起者会要求信息接收者变成什么样的人、做某件事或者相信某件事。如果沟通符合信息接收者的愿望、价值观和动机，它就是有效的；反之，就可能根本不被接受，甚至适得其反。

最有力的沟通能起到文化上的改造作用，即改变人们的个性、价值观、信念和愿望。

我们需要明确自己要表达什么，在这之后才能谈如何去表达。沟通建立在双方有效交流的基础上，而不是依靠"我对你说"和"我命令你"来实现。

在企业中，沟通失败的原因往往在于我们把重点放在想说的方面，更多的是自上而下的沟通，或者是自下而上的沟通。而最为有效的沟通在于，大家能够以平等的姿态进行交流，从而让信息深入人心。

无论是自上而下的沟通还是自下而上的沟通，无论是领导还是下属，我们首先都需要学会倾听。倾听可以让我们理解误解产生的根源，并为沟通打下基础。

在现实中，更多和更好的信息并不能解决沟通问题，也不能弥补沟通中存在的认知差距。相反，信息越多，双方沟通的差距可能越大。所以有人提议，解决越复杂的问题，越需要用简单的办法。

3. 欢迎反面意见

决策是否正确和有效，并不在于其支持率的高低。多数人认同的可能依然是一个陷阱。一味地寻求多数人的认同，可能会让这个决策毫无远见和深刻性。充分讨论对决策，总体是有益的。正确的决策必须建立在对各种不同意见进行充分讨论的基础之上。反面意见之所以重要，有如下几个理由。

（1）反面意见能让决策者保证自我的独立性，不至于沦为组织的"俘虏"。在企业中，注定会有很多人有求于决策者，并将决策者的决策与其个人立场和利益挂钩。而决策者如果不听取反面意见，就容易陷入其他人所设置的这一陷阱。突破这一陷阱的关键就在于引起争辩，让更多的事实浮现出来，多角度地对事实加以审视，从而深化对问题的认识。

（2）反面意见本身就是决策所需要的"另一种方案"。拥有两套方案的好处是，可以在情况出现变化时有进有退，而不是让自己成为"赌徒"，只能背水一战。

（3）反面意见可以激发想象力。因为决策者所面临的问题本身存在诸多不确定性，我们需要创造性地提出解决方案。如果仅有单向的思维，从单一的视角去观察和思考，就可能让我们的方案受到自己认知和判断力的局限。而将反面意见中合理的成分吸收到自己的方案中，会让方案更有效。

我们必须首先尊重事实，然后才有个人的立场和意见，这样我们才能把"正确"引入"有效"的方案。这是我们在做决策时需要明白的一个道理。因此，今天肩负决策重任的人都应该记住罗尔斯的警句："一种理论，无论它多么精致和简洁，只要它不真实，就必须对其加以拒绝或修正。同样，某些法律和制度，不管它们如何合理和安排有序，只要它们不正义，就必须加以改造或废除。"

4．团队精神的核心在于价值创造与双赢思维

在商业世界和民主社会里，合作双方没有妥协就等于没有协商，合作就变成了单边的强制与命令。

企业是人的集合，其中的每个人都有着自己独特的意识形态，所以企业是意识形态的集合。共同目标是人们合作的基础，妥协也是人们合作的基础。每个人都希望自己和企业的发展能够结合起来，在企业发展中得到利益和安全保障，这与企业的原则和目标并不相悖。

只要发现了共识，共识就可以作为双方妥协的基础。一致同意的协议的基础，在于内在的根本价值观相契合。

妥协是一种协议。妥协理念的表现是对原则的谨慎和双方互相尊重。为了从自己的视角出发改善现状，每个人都在妥协中牺牲一些东西，而这些牺牲则少部分地取决于其他人的意愿。与之相反，不容妥协的理念则显露出固执和彼此间的不信任。一个不懂得妥协的人，往往难以融入团队。如果缺乏妥协，仅追求个性的张扬，那么团队精神就会消退。

一味坚持自己所认为正确的，导致的结果可能就是人们在无形中的懈怠和抗拒，从而导致工作停滞或带来混乱。而妥协的观点倾向于适时调整原则，并尊重别人的意见。

妥协的理念更适用于治理，所以有人说，政治是妥协的艺术。如果说，坚持考验的是韧性，那么妥协考验的则是智慧。妥协，并不比一味坚持更容易。很多时候，如果没有妥协精神，管理者就无法很好地治理一家企业。在人们自主意识和独立意识越来越强的时代，任何人都无权将个人的价值观念、工作作风和目标强行施予另外一个人。一家生机盎然的企业，其文化创新的成功，最终取决于我们选出的领导者如何进行管理，取决于领导者对待他人的态度。

对企业文化产生积极影响的领导者能适应形势调整策略，能够达成整合性协议，即价值创造和双赢。例如，两姐妹想要同一个橙子。传统的妥协方案是切开橙子，一人一半。可是其中一个女孩只需要橙子汁，会扔掉果皮；而另一个女孩只需要橙子皮做蛋糕，不需要果肉。如果她们认识到她们对橙子的兴趣不同，就能找到整合性的解决方法：一个人取走全部果肉，一个人取走全部果皮。那么两人各有收获，谁都不用牺牲什么。

达成整合性协议的策略包括将馅饼做大、互投赞成票、创造象征性的补偿，还有发现新的选项。

5. 分权的重要性

高度集中的权力往往会导致信息流通不畅，从而造成基层问题反馈延迟。合理地分权是激发团队战斗力的关键措施。尤其是对大型组织而言，应让一线管理者拥有灵活的决策权，高效地应对变化。这也是华为要求管理者能够听到"前线炮火"的原因所在。

分权，对于创建积极的组织文化极为重要。现代人拥有比以往更强的平等和公平、公正意识，每个人都能够认识到群体中的权力分配对于自身的重要性。人们可能会对不公正的权力分配产生消极和抗拒心理。在个体意识觉醒的时代，权力本身也是成员所追求的目标之一。

有效的管理者更应该懂得分权，并为之赋予对应的责任。而权力高度集权的管理者会越来越显得落伍，并且失去效能。

有效的管理者，已经不再将各种决策权揽于一己之手，而是集中精力做一些重大决策。他懂得分权的意义，会把决策权让渡给那些在某个范围内对问题最为了解的人。

第三节　文化管理中的洞见与视角

一、洞察人性，以正向激励为主

《理想国》中有一个"隐身的戒指"的故事。吕底亚有一个牧羊人捡到了一枚神奇的戒指，只要戴上这枚戒指就能隐身。这个牧羊人戴上了这枚戒指，发现自己做任何事情都不会被惩罚，最后他把国王给杀了，篡夺了王位。

这个故事提醒我们，如果我们有了隐身的戒指，做任何事情都不用承担后果，那么我们的欲望就会被激发，内心的幽暗也会被无穷无尽地释放。这也正说明，人性中的善与恶并非稳固不变的，会因环境和条件的变化而变化。

恶的化身未必是狂暴的恶魔，也可能是平凡而性格温和的人。这在战争中表现得尤为明显。例如，纳粹战犯、"犹太问题最终解决方案"的重要执行者阿道夫·艾希曼和奥斯威辛集中营的负责人鲁道夫·霍斯都只是平凡、敬业、忠诚的组织成员，他们对高雅的生活充满向往，也并不愚蠢，却因为放弃思考、盲目服从和听命行事而犯下难以被宽恕的"平庸的恶"[①]。

"作为一个人，我根本没有预先被决定的本性。我的本性，要通过我

[①] "平庸的恶"一词来自汉娜·阿伦特《艾西曼在耶路撒冷：一份关于平庸的恶的报告》一书，意指盲目遵从，因为惰性而放弃思考者所拥有的恶。

选择去做什么来创造。当然，我可能会被我的生物性影响，或者被我所处的文化和个人背景等方面影响，但这些并不能合成一张用来制造我的完整蓝图。我总是先自己一步，一边前行，一边构筑自身。"让-保罗·萨特把这个原则变成了一句拥有三个单词的口号——"存在先于本质"（Existence precedes essence.）。

事实上，在日常生活中人们并不能很好地认识自己。每个人都可能在不同的处境之下变成好人或坏人。人在某些情况下的表现甚至会让他本人都感到诧异。极端的处境可以真实地测试人性，如战争和监狱都可以把人性深处的东西激发出来。

每种文化都有一些共同的假设——关于人的意义、人类的直觉，以及什么样的行为是不人道的。有些人认为，人类的本性是恶的；也有些人认为，人类的本性是善的；还有些人认为，人类的本性是混合或中性的，可以是善的，也可以是恶的。

认为人性非善即恶、非恶即善的这种二元对立的观念是违背人性现实的。以一分为二的观念来看待复杂世界和复杂人性，显然是简单而粗暴的。在华为，任正非一直倡导灰度管理，正是基于对世界和人性的复杂性的认知。

实验心理学家史蒂芬·平克[①]说："根据现代科学，对人性更深刻的理解表明，政治问题中的人性远比上述两种极端的观点更复杂和深奥。人的头脑不是白板……即使有这样或那样的局限性，人性中也有一个具有递归性、开放性和组合能力的系统能进行推理，因此人能认识到自身的局限性。启蒙人道主义的引擎——理性主义，永远也不会被特定时代下人们推理中出现的缺陷和错误所击败。理性总是能够退后一步，记录缺陷，修正规则，避免下一次再犯错误。"

洞察人性是管理的基础。美国心理学家道格拉斯·麦格雷戈于1960年

---

① 史蒂芬·平克（Steven Pinker,1954年至今）是一个著名的实验心理学家、认知心理学家和科普作家，因广泛宣传演化心理学和心智计算理论的心态而闻名于世。

在《企业中人的方面》一书中提出了关于人们工作原动力的两种假设。这是一对完全基于两种完全相反假设的理论，被称为 X 理论和 Y 理论。X 理论认为人们有消极的工作原动力，而 Y 理论则认为人们有积极的工作原动力。X-Y 人性理论对照如表 8 所示。

表 8 X-Y 人性理论对照

人性假设	X 理论	Y 理论
行为表现	人类本性懒惰，厌恶工作，尽可能逃避；绝大多数人没有雄心壮志，怕负责任；对多数人必须用强制的方法甚至惩罚、威胁，使他们为达到组织目标而努力；激励只在生理和安全需要层次上起作用；绝大多数人只有极少的创造力	一般人本性不会厌恶工作，如果给予适当的机会，人们会喜欢工作，并渴望发挥其才能；多数人愿意对工作负责，寻求发挥能力的机会；强制的方法不是使人去为组织目标努力的唯一办法；激励在需要的各个层次上都起作用；想象力和创造力是人类普遍具有的
管理方式	唯一的激励方法，就是以经济报酬来促进生产，只要增加金钱奖励，便能取得更高的产量。要特别重视满足员工生理及安全的需要。同时也要重视惩罚，惩罚是最有效的管理工具	激励的办法是：扩大工作范围；尽可能把员工的工作安排得富有意义，并具挑战性；工作满足其自尊和自我实现的需要；使员工进行自我激励。在条件适合的情况下，只要启发内因，实行自我控制和自我指导，就能达到组织目标与个人需要相统一的最理想状态

企业文化建设的顺利推进，其关注点最终要落到员工的身上。管理者应该对人性有着全面、正确的认知，从正面的激励出发，并辅以规范的制度，从而达到抑恶扬善的目的。在思想上尊重、赏识、信任、关怀员工，是保障企业文化落地的重要手段。

二、解决争议需要综观视角——维特根斯坦的启示

在日常生活中充斥的争论，其产生原因主要体现于两个方面：一是对语言概念本身的认知模糊不清；二是视角差异和思考问题的高度不同。

1. 语言概念的争论

路德维希·维特根斯坦在其代表作《哲学研究》中指出了争论的根源：人们的思维有一种根深蒂固的本质主义倾向，即认为语言背后有一个共同的

概念，但每个人都认为自己洞察了这些概念的本质。其实，事物往往并没有共同的本质，仅有"家族相似性"。概念就像一个家族的男女老少，有的眼睛相似，有的脸形相似，却绝没有一个共同的本质。最典型的代表就是"审美"。人们可以把鉴赏所有艺术品的各种感觉，全都笼统地划在"美"这一概念下。但事实上，这些感觉并不统一，只有相似点。

那些抽象、理论化的语言，维特根斯坦称之为"超级概念"。随意使用这些概念的人，则患上了"哲学病"——过去哲学家所犯的思维疾病，现在已经被传染给了每个人。随意使用这些含义模糊的"超级概念"是极度危险的。使用者其实并不理解这些词汇，这些词汇本该像"门""窗"等词一样与鲜活的生命体验相关，却成了教条化的口头禅。

如果人们能够认识到"大部分争论，其实仅是语言的争论"，那么彼此之间就会变得平和许多。维特根斯坦给了我们一个重要的警示：慎用"超级概念"，远离宏大叙事。

2. 思想狭隘的原因

当然，沟通并不仅仅是一种语言问题，人与人之间的误解也来源于视角、经验和思想的差异。你跟他讲法律，他跟你讲道德；你跟他讲道德，他跟你讲政治；你跟他讲政治，他跟你讲传统……由于缺乏视野宽度，所以有些人很难理解他人。

维特根斯坦用一个"兔鸭图"来进行说明。理解的秘诀在于视角的转换。当我们尝试改变视角，对事物和人心的理解就可以很快发生变化。"兔鸭图"如图9所示。

图9 "兔鸭图"

维特根斯坦进而认为，人们相互之间不能达成理解，往往是因为缺乏综观，即没有学会站在更高的视角，俯瞰语言的全貌。例如，很多人对"教育"的想象就是勤奋读书，对"自由"的想象就是无拘无束，对"法治"的想象就是严刑峻法。而当我们站得更高，看到更多的案例时，会发现这些想象全然不对。

对于身处争议中的管理者来说，拥有综观视角极为重要。唯有如此，才能洞察各方意见的分歧所在，促成彼此之间的相互理解，进而解决因视角问题而产生的争端。

在日常生活中，很多人对人生价值等终极问题漠不关心，对他们而言，所有的学问都只剩下了实用价值。一些人喜欢把《逻辑哲学论》中的那句"凡是可说的，就要说清楚；凡是不可说的，就该保持沉默"挂在嘴边，但其实，维特根斯坦始终把诸如善、美、上帝、死亡等这些"不可说的"，视为人生"最重要的"，终其一生都在思考是非、对错、美丑等终极问题，并把罪恶、自律、道德纯洁等视为人生的头等大事。

现实生活中的许多争论是毫无目的的。进行没有目的的争论，自然可以各说各话，毕竟每个人都有说话的权利，而无须以一己之见强求他人。

如果我们能够在确定共同目标的基础上进行讨论，那么人们就会变得更理性、更宽容，从而让争论也变得有益，而不是因无谓的争执和意见不同而产生敌对心态。因为每个人的经历、受教育程度、专业和偏好等不同，所以人们很难在所有事情上形成完全一致的认知。包容异见是一个理性的选择，民主的真意也正在于让人有话能说。

三、正确判断的类型

在一个人做出行动之前，他想什么和如何想并不重要。社会不能因为一个人的心理活动或者出于对他的臆想而审判他。对事件的分析应基于事实和逻辑，一旦超出事实和逻辑，就会陷入诛心论和阴谋论的泥潭。

正确的判断有如下三种类型。

1. 事实判断

批判事实的论据仅能为事实。事实具有两个属性：真与假。例如，我说比尔·盖茨捐出 600 亿美元用于慈善，而你认为数据不对，那只要找到相关数据纠正就好。但如果你说比尔·盖茨捐款仅是为了偷税，这就是把简单的事实判断扯到一个阴谋中。虽然进行慈善捐款能够减免税金，但这是法律所规定的，和阴谋论无丝毫关系。阴谋论却将减免税金污蔑为偷税，这是缺乏真正说服力的偷梁换柱。

2. 价值判断

这里的价值包括个人价值和公共价值。

个人价值属于个人偏好，个人偏好决定个人行为。例如，你喜欢吃重庆火锅，别人喜欢清蒸清炒，这并没有普遍标准。我们仅需要尊重个体，不做评判。

公共价值涉及公共领域，所以对它进行判断需要符合正义原则和自然法。正义原则和自然法脱离意识形态独立存在，是人类社会普遍认可的公理，也是判断公共价值的唯一标准。

3. 逻辑判断

对逻辑问题要从形式逻辑角度进行判断。例如，有人说："人类已经存在几百万年了。"你却说："可是你才存在几十年，所以你不是人。"在这里，你就违背了形式逻辑的"同一律"，混淆了个体概念与群体概念。对于这种逻辑错误，需要用形式逻辑进行批评。

任何判断都包含在这三种类型之中，针对每一种类型都需用相应的方法去判断。但是很多人分不清三者之间的分别，由此常去臆想别人，东拉西扯，既无法澄清事实，也不能建立逻辑，只会致使沟通无效。由此，《罗伯特议事规则》[①] 提出了如下三条有针对性的原则。

第一，价值中立原则：在讨论一件事之前，不能预设对方是坏人，也不

---

① 《罗伯特议事规则》是世界上最广受承认的议事规范。首版于 1876 年。这套规则对如何提出议事事项、如何听取和发表意见、如何提出动议和如何表决，都有非常详细的规定。

能因为别人具有某种嫌疑就认定别人是坏人。

第二，不诛心原则：禁止质疑他人的动机、习惯和偏好，因为动机、习惯和偏好都属于个人单方面的臆测，并不是实际的行动，既无法证实也无法证伪。所以，评论他人的动机、习惯和偏好无任何意义，只会使讨论陷入死循环。

第三，就事论事原则：仅围绕所讨论的事件本身发表看法，遵从一事一议的原则，不能偏离事件本身，也不能做扩大延伸，只能以事实为基础、以逻辑为工具去评判。

当然，一个人可以根据自己的经验或逻辑，对某件事的未来走向提出预测或可行性分析，这都是正当的。因为它不是对过去的、无法被证实也无法被证伪的问题的独断，仅是对未来的评估，这显然与阴谋论不同。

第九章　组织文化中的普通成员

"有另一种社会建筑，其规模、度量标准同样是人，但它却不是用人建造的，而是为人建造的；它的伟大不是建立在个性的渺小上，而是以与人的需求相适应的目的为基准的。"俄罗斯诗人奥西普·曼德尔施塔姆关于组织的论述，同样适用于描述此刻语境中的文化。

人因为不满足于世界原有的样子而走进集体。组织文化的目标是让每一个员工都成为企业价值观的生动体现。但是企业文化并不能将别人的精神构造施加于员工——每个人都不应被钳制或扭曲为"他者"，不管这个"他者"是被精雕细琢和理想化的"他者"，还是一个黑暗、野蛮和骇人的"他者"。组织文化应该包容个体的成长，有助于让员工成为他们应该成为和梦想成为的人。组织文化除了给予员工工作的方法与力量，还应该承载着欢愉、柔情、活力与人性的温暖。

总体而言，企业肩负着创造人类幸福的使命。企业应该是为了人类更美好的生活而存在的。任何一家现代企业都应该对人类尊严和个体权利给予足够的重视，只有这样才能凸显文化的正当竞争力。即使是一家兵工厂，其使命也只能是推动实现和平，"以战止战"。

第一节　关于"社会人"的假设

《日瓦戈医生》中说："人是为生活而生，不是为准备生活而生。"

员工永远不应该被视为企业的赚钱工具，不能因为向其支付了薪酬就将企业的价值观、使命、目标和任务强加于他们。企业在这里应该被视为一艘驶往彼岸的大船，共同的价值观、使命、目标和任务是基于双方的自由选择而形成的。

"一个人如果连欲望和冲动都不是自己的，那他就没有品格可言，就像一台蒸汽机没有品格一样。"约翰·穆勒在其《论自由》一书中阐释道,"尊重个体自由最终会导向最大的人类幸福。只要不伤害他人,人们就可以自由地去做任何他们想做的事情。没有任何人和组织能够将关于怎样才是最好的生活的观念强加给别人。一个人对社会负责的唯一行为,就是影响他人的行为。而只要我不伤害他人,个体权利的独立性就是绝对的。个体是他自己、自己身体和思想的最高统治者。"穆勒认为,强制性顺从是最佳生活方式的敌人。强迫一个人根据习俗、传统或者流行的观点去生活是错误的,因为这将妨碍他达到人类生活的最高目的——充分、自由地发展其人类能力。

对于一个人而言,行为及其行为的成果并不是仅有的东西,一个人的精神活动和品格也同样重要,因为这中间蕴含着人的幸福感。

与弗雷德里克·泰勒的科学管理理论对人本性的基本认识相反,乔治·埃尔顿·梅奥认为,员工在社会活动中不是孤立存在的,而是作为对群体有归属感的"社会人"存在的。梅奥认为,人们不但有追求收入的动机和需求,更重要的是,有社会方面和心理方面的需求,他们希望得到友谊、安全、尊重和归属感。

基于对人本性的这种认识,要调动员工的积极性,就应该使员工的社会和心理方面的需求得到满足。因此,基于"社会人"的假设建立起来的人际关系学说,正好从与科学管理理论相反的角度研究了如何提高企业的生产效率的问题。所以,人际关系学说的提出,改变了管理理论发展的进程。

梅奥有以下三种观点。

第一,对于"社会人"而言,重要的是人与人之间的合作,而不是人们在无组织的人群中互相竞争。

第二,所有的个体主要是为保护自己在集体中的地位而不是为自我的利益而行动。

第三,从霍桑实验的结果中可以发现,人的思想和行动更多是由感情而不是由逻辑来引导的。

"社会人"假设有如下三个特点。

第一,在劳动中,每个员工都与其他人进行交往,从而紧密地结合在一起。经营管理者忽视人际关系的调整,必然会在生产中产生重大问题。

第二,一个员工入职以后与同事的关系如何,在很大程度上决定了这个员工的工作表现,并直接地影响其才能的发挥。

第三,经营管理人员一旦抛弃底层员工是群氓的错误假设,重视企业内部的人际关系的调整,就能取得惊人的效果。

良善的企业文化应该将员工引向一个令人满意的工作状态,使他远离组织的伤害。员工按照企业的要求和规范做事固然重要,但做这些事让他成为什么人也同样重要。一个极端的例子就是,一个诈骗集团将一个人控制在自己的"组织"之中,让"员工"违心地去进行诈骗,"员工"是否应该遵循诈骗集团的要求,去执行"组织"的计划呢?

企业文化是一个群体在解决其外部适应和内部整合问题过程中习得的一系列共享深层假设的集合,它们在群体中运行良好、有效,因此被群体传授给他们的新成员,并作为其解决类似问题时感知、思考和情感体验的正确方式。群体成员之所以愿意坚持他们文化中的深层假设,是因为文化可以让他们的生活变得可预测和有意义。人们不喜欢混乱、不确定的情境,会努力让生活变得稳定和正常。企业文化的本质是大家共同习得的,是企业得以良好运转的信念和价值观。

企业文化是由一系列相互联系的经营理念组合而成的;企业文化应该是一个多维度的结构。对于员工而言,如何从"为别人工作"转变成"为自己工作";在"成为自己"与"成为企业所需要的人"之间,如何做到统一和兼顾……这些都是企业文化对员工文而化之过程中面对的重要问题。

第二节　员工的身份认同及群体关系

企业作为个体融入社会的桥梁,具有微观社会的功能和意义。因此,可以将企业视为一个社会的缩影。彼得·德鲁克在《工业人的未来》一书中阐释了一个功能性社会的两个前提条件——社会给予其个体成员以社会身份和社会功能，且具有决定性的社会权力是合法性权力。否则社会就不能发挥其功能。前者是建立社会生活的基本框架——社会的宗旨和意义；后者则在框架内构筑空间——使社会具体有形，并创造社会制度。假如个人不被赋予社会身份和社会功能，那就不会有社会，只会有一堆无目的地、乱糟糟地穿行于宇宙空间的社会原子。而且，除非权力是具有合法性的，否则就不可能有社会构筑，只会有一个仅靠奴役和惰性聚合在一起的真空社会。

在知识型社会里，事业的驱动力只能来源于个人。只有将每个人的力量聚合在一起，才能铸就真正伟大的事业。

聚合个体力量是企业文化的核心任务，也是领导力的体现。

为使群体安全、舒适和富有成果，成员间和谐相处的观念须处于每种文化的核心。一个群体必须就四类问题达成共识，否则个体就会焦虑或深陷于自己的问题之中，无暇顾及群体的任务。

第一，在群体中的身份：我应该是谁？我的角色是什么？

第二，权力关系和自身影响力：别人对我拥有怎样的影响力？从这种权力关系中，我能得到哪些满足？我在这个群体中拥有怎样的权力？

第三，在群体中的需求和目标：群体的目标能允许我实现自己的需求吗？

第四，与群体中与其他成员的关系：我会被接纳、尊重、关爱吗？我们的关系如何？

以上四类问题也是员工进入企业以后需要回答的。员工与企业之间不是单向的给予关系。员工共同创造了一个实现价值交换和价值增长的场域。在这个名为企业的场域里，他们相互汲取，也相互给予。

一、群体中的身份

沙因说:"一个群体所有成员的基本身份深受围绕权威和亲密所形成的社会秩序的规则影响。"确实,在企业和社会之中,人与人之间总是明显或者隐蔽地存在着某种权力关系,并受制于约定俗成的规则。

个体在群体中的身份,从表面上看是由企业决定的。因为企业根据自己的实际需要将员工从人才市场中招募过来,企业对员工有着清晰的技能要求和任务要求,员工需要满足企业的要求,完成企业的特定任务。员工是满足企业某个岗位需求的人。

当然,这个岗位可能会因为描述过于清晰而束缚着你。例如,当初你被招募为士兵,但其实你想成为一名将军。而"将军"这个岗位可能是企业隐藏的需要却没有被准确描述出来。当你在"士兵"的岗位上呈现出"将军"的才干,那么企业理应让你去填补"将军"的岗位空缺。

现今的企业是一种扁平化的组织结构,员工所感受的更多是同级之间的平等,而不是上下级之间的不平等。这里依然牵涉人们关于公正的认知:绝对的平等其实是最大的不平等。在一个充满竞争的市场环境中和一个充满自由竞争的企业内部,人才与岗位的适配是双向选择的结果。员工在与企业签订用工协议时,就已经表达了对"公正"的认同。

二、群体中的权力关系

显然,企业中权力关系和层级的存在是正当和合理的,完全平等的组织在现实中是难以有所作为的,反而会造成"人人负责,也就是人人不负责"的状况。

在群体权力关系中,每个人都会产生这样的疑问:别人对我拥有怎样的影响力?我在这个群体中拥有怎样的权力?从这种权力关系中,我能得到哪些满足?

人是社会性生物,人们的关系之网往往也是因为利益需要或情感需要而缔结的。企业是个体的集合。在企业中,权力并不是掠夺资源的工具,而要与职责和贡献相对应。高阶权位依托于一个先期设定。这个权位的存在依存于企业所推行事务的要求。人因事而设位，非因位而设事。企业是一个面向问题和事务的组织。

对于普通员工而言，企业内的领导者和管理者，对他们的影响和控制是被约束在企业的基本目标和某些规范之中的。如果他们僭越，就将被置于非法或不道德的困境之中。由权力造成的紧张和压力，是有利于他们完成自己的工作，满足企业对他们的需要的。但面对企业中的"暴君"，员工依然有"出逃"的自由。

权力既能带来利益，也能带来威胁。在企业中，权力造成的紧张关系是显而易见的，也是必然的。企业在对各级权力的设置中，需要深度参与中观、微观活动，以保证权力运作的正当、和谐。

当然，企业除了满足员工对物质利益的诉求，还应该提供职位进阶的通道，让他们能够得到"权力的满足"。虽然企业本身并不是一个以权力连接的网络，但毕竟每个员工都拥有实现社会性价值的需要，对自身的影响力和权力充满正当的渴望。

三、群体中成员的需求和目标

企业与员工原本可以相互成就，各取所需。但在一个群体中，每个个体都会产生这样的疑问：群体的目标能允许个体实现自己的需求吗？

员工在企业中的身份与角色有着职能上的差异。首先，员工进入企业的基本需求和首要目标，就是物质利益上的回报。这种回报可以体现在薪资、奖金、分红、福利等诸多方面。其次，就是通过企业获得一个社会身份，如工程师、会计师、职业经理人、行政服务员，等等。在企业中，员工从事的工作给了他一个社会性的身份，这种身份得以外延，被社会中的其他群体识别并接受。

企业要求员工贡献出他们的时间、精力和才干，以实现企业的使命与目标。在此过程中，员工除了得到物质回报，还应该得到价值成长，更高层次的需求也应该得到满足。

四、与群体中其他成员的关系

员工进入企业,就进入了一种社会关系当中。在个体与群体中的其他成员的交往中,会产生这样的疑问:我会被接纳、尊重、关爱吗?我们的关系如何?

人们除了工作上的相互需要、相互服务,还会产生工作之外的交往和情感联系。事实上,很多人的社会关系主要建立在工作的基础上。

个人自由与组织秩序存在着某种制约关系,二者需要达成某种平衡,以共有价值观为核心,如此方能使个体在保有活力和创造力的同时,遵从组织规范,并拥有团队精神。个人与组织关系如图 10 所示。

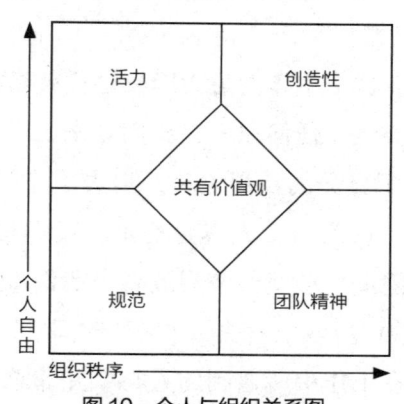

图 10 个人与组织关系图

企业是一个以"做蛋糕"为主责,而非以"分蛋糕"为主责的组织。企业并不是争夺权力和利益的竞技场,关于分配,企业理应有一套相对可量化的、相对公平的标准或机制。

企业鼓励员工都能够坦诚相待,以善心对待他人。同事之间有竞争,但更多是合作;竞争也不是以损害对方为前提和初衷的。无论是在同级之间,还是在上下级之间,都不应该存在太多的敌意和相互攻击的行为。

员工对领导者行为的关注大过对他们的言语的关注,员工会去模仿和学习领导者关注什么、评价标准是什么、不喜欢什么以及对什么进行惩罚。

好的企业文化会将员工引入正向的关系之中，破除员工之间的高墙，消除员工之间不必要的防范，使员工与企业患难与共、风雨同舟。

第三节　个体与组织的冲突

企业文化不是一种"施加"，而是一种"习得"。当员工与企业产生文化冲突时，如何处理才是恰当的？

只有正视人性，摆脱虚幻的人格假设，才能让我们缔造深厚的文化根基和建立更好的制度框架。我们知道，一个人如果缺乏对利益和荣誉的渴望，就注定会失去成长的自驱力。因此，我们应该赞赏并鼓励人们以正当的手段去创造和赢得利益与荣誉。

阻碍我们融入企业这个集体的最大因素往往就是我们对企业的样子有着先入为主的印象和设想。任何原先在我们看来无限光鲜的集体和个人往往都会在我们对其有了充分的认识之后，褪去了光芒，变得平淡且庸常。事实上，这并不奇怪，因为每个人本身都是和我们相近或相似的平常人，但在这种平常中往往隐藏着被我们忽视或者令我们难以发现的不平常。表面的光环褪去之后，我们应该去发现那些需要时间验证的独有的东西。

对于员工而言，在工作中所遇到的人与事并非总能如己所愿，他们所能做的最好策略不是逃避，而是直面现实。人虽是高级动物，但情绪化的自我意识会带来反刍式思维，让一些欲望蒙蔽自己的眼睛，从而看不清现实，对"企业应该怎样"妄下判断。这种情况经常发生，尤其是当把个人的利益诉求与工作中的问题掺和在一起时。

很多时候，只有接受现实，我们才能做出有意义的改变，取得有意义的进步。改变并非要我们放弃自身最具有价值的部分，而是要看清真相，摆脱束缚自我的东西，解除对自我的限制，找到更适合自己的定位。

一、员工在建立归属感的过程中存在的疑问

企业目标与员工的个人目标并无本质差异。企业只有将员工个人的追求融汇到共同的追求中，才能呈现出澎湃的动力，才能实现宏大的愿景。

无论是人的集体，还是集体的人，都可以在共同的目标下得到统一。员工与集体能够形成紧密依存的关系。但在企业这个组织内，并非每一个员工都能够成为事务的主导者和决策者。对员工而言，在建立自身的归属感时，必然会产生疑问，具体来看有如下三条。

第一，企业虽然有成功的过去，但是否会有成功的未来？企业领导者可能会犯错，其所勾画的宏图是否可能无法实现？在组织构架中是否有角色缺位、比例不谐、匹配不当、连接不畅等问题？

第二，作为新聘的员工，应当为怎样的身份和理想而奋斗？毕竟再有才干的人，也不一定能够得到快速提升。这中间牵涉企业如何分配利益和激励员工的问题。

字节跳动创始人张一鸣的工作观是：工作不分你我，做事不设边界。就是要求员工不要把自己当外人，将工作当成自己的事业来做。只有做事不设边界，才能延长自己的能力半径，触摸到更高的天花板。在现实中，那些没有工作界限感的人看起来显得较为笨拙、憨厚，但往往是最具成长性的人，也是最终收获最大的人。

第三，能否做到无私无我？如果领导者无意从企业的整体利益、长远利益出发，而更多从一己之私或少部分人的利益出发，甚至为此放弃群体成员身份，进行套现解脱，成为企业的破坏性力量，员工又该当如何呢？

这些问题涉及企业的价值观，而对这些问题的回答，决定了员工对企业的基本态度，也事关他们如何与企业进行融合。如果这些问题的答案是否定的，那么员工就难以与企业建立长期和谐共处的关系。

二、解决个体自由与组织价值观冲突的路径

对于一名普通的新聘员工而言，他无法将个人的价值观念投射到组织

文化中，只是"被迫"接受组织的价值观和文化。个人与企业的价值观冲突，有如下三种解决的方法。

一是因为价值观冲突，员工在认清真相以后，发觉与这家企业"水火不容"，因此，放弃这家企业，另觅高就。

二是将个人的价值观建立在对功利的考量上。员工在进入这家企业前，并不是冲着公司的价值观和文化而来的，仅是为着一份丰厚的薪水。因此，他不情愿地放弃个人的价值观，选择接受企业的文化洗礼，忍耐或者渐渐接受它的价值观和文化。员工也可以从有益于企业的角度对两种价值观进行审视，员工可以表达自我，但应该以令人信服的方式表达自己的观念。

三是让自己成为企业的管理者和领导者，渐渐将自己的价值观念注入企业文化，使原有的企业文化发生变革，使自己成为企业新文化的塑造者。

每个组织都是一个文化场，组织中的人都因特定的价值观走到一起。因此，只有维护个人自由和表达异议的权利才能保持组织的文化活力。没有任何一个组织能永不犯错，所以与集体认同相比，反对性的意见可能是正确的，或者是部分正确的；即使它完全不正确，也可能会使硬性的教条和正统的观念发生改变。一个始终强迫成员接受规范和文化传统的组织，反而会让自身陷入荒谬的一致性之中，从而消解自身进化的能力。

事实上，一致认同只会造成企业文化机制的僵化，而那些提出反对意见的个人则能为企业文化带来活力，并促进文化的变革。

虽然最终的决定可能与自己的意见相左，但在组织形成决定之后，个人依然应该维护组织的合规决定。

三、相待之道与分配原则

在某人成为一家企业的员工之时，并非所有的事项都能以契约的方式加以约定。因为在签订聘用协议之前，双方对彼此的认知不能说是充分的，二者之间只有有限的了解。事实上，在真实的契约之外，他们还有一份假想的契约。这份契约显然基于各自感性、模糊的认知。

如员工可能基于企业的外在名声,认为这是一家注重平等并能够保障员工权益的企业;而企业可能认为这个员工具有忠诚于集体的无私奉献精神。但这种通过问卷或者面试得来的判断可能是错误的。

显然,利益分配的公平正当尤为重要。唯有利益被公平正当地分配,才能让企业形成凝聚力和文化竞争力。管理的方式方法和利益分配的公正性,都有意或无意地影响着员工的深层的意识形态。

附:罗尔斯的差异原则

当企业领导者将一群人聚集到一起时,应该如何管理这个集体?集体应该遵守的原则是什么?集体中的人可能有着不同的家庭背景:有人出生于富裕家庭,受过良好教育,拥有聪明的头脑;有人出身贫寒但做事踏实,勇挑重担而富有韧性;有人性格外向,社交广泛,有着广泛的人脉;有人性格内向,不善表达,但极具技术上的开创能力……那么维持这个集体存在并保证组织和谐的最为重要的原则是什么?

如果让这些人通过自由讨论,达成一个可以和平共处的局面,那么最后的结果可能是由于某些人讨价还价的能力高于另一些人,故另一些人做出了牺牲自己的妥协。因此,我们没有理由认为最终形成的集体契约是公平合理的。

现在,假使这个集体中的每个人都不知道自己在这家企业中将扮演何种角色,也不知道自己会被分配到何种层级和岗位上,每个人都在这块"无知之幕"[①]的背后进行选择。如果忽视了教育背景、家庭背景、性格特征、价值取向、个人才干和所存在的缺陷等会影响我们选

[①] "无知之幕"(veil of ignorance)是约翰·罗尔斯在《正义论(修订版)》中提出的一个思想试验,即在人们商量如何正当对待一个社会或一个组织里的不同角色成员时,最理想的方式是把大家聚集到一块幕布后,约定好每一个人都不知道自己在走出这块幕布后将在社会或组织里扮演什么样的角色,然后大家讨论针对某一个角色应该如何对待他,无论是市长还是清洁工。这样的好处是,可以避免因权力和地位而影响决策的情况发生。

择的因素，那么每个人则可能会在一种原始的平等状态下进行选择。因为没有人会有一个讨价还价的地位，因此，最终形成的原则会是公正合理的、正义的。

这种剔除人的社会身份、还原本初的思想试验，体现的就是约翰·罗尔斯关于社会契约的理念——一种在平等的原始状态中达成的假想的协议。

约翰·罗尔斯关于社会契约的理念同样适用于企业。因为企业中某些原则和契约会鲜明地决定企业文化的成效。因此，我们应该追问：作为理性的、追求自我利益的企业领导者、管理者或员工，应该选择什么样的共处原则呢？

在罗尔斯的论述中，会产生两个公正合理，即正义的原则。第一个原则是为所有人提供平等的基本自由，如言论自由和宗教信仰自由。第二个原则是团队生活中人格和经济的平等。当然，企业一般并不会承担社会中的所有职能，与社会相比，企业更多为自己的目标服务。即使是扶弱，企业也是在不损害目标追求的基础上来体现这种社会正义的。

罗尔斯的思想试验和相关理念对我们如何建立真正和谐强大的企业文化有着有益的启示。

罗尔斯的"无知之幕"要求我们为每个人提供平等的基本自由和团队生活中人格和经济的平等（当然，罗尔斯所倡导的平等也非绝对的平等）。归结到底，黄金法则——"你们希望人怎么对待你们，你们也要怎样对待人"[①]——更加贴合现实世界的需要。

在人类历史和现实世界中，关于财富的分配存在着如下四种基本的理论和方式。

---

① 黄金法则的"你们希望人怎么对待你们，你们也要怎样对待人"这种说法，与《论语》中的"己所不欲，勿施于人"的思想有异曲同工之妙，这两句话分别从"要"与"不要"两个不同的角度，在指导人们行为的过程中互为补充。

1. 基于出身背景的固定等级制。
2. 自由至上主义，拥有形式上的机会均等的自由市场。
3. 绩优主义，拥有公平的机会均等的自由市场。
4. 平等主义，罗尔斯的差异原则。

罗尔斯认为，前三种理论将分配份额建立在出身背景的偶然性上，要么是社会和经济的优势，要么是才干和能力的优势。我们在考虑分配的正义时，应该悬置那些偶然性事实或将其抽象化。因此，罗尔斯坚持平等主义的差异原则。差异原则不是对收入和财富进行绝对平等的分配，而是将个人的才干和市场机遇所带来的财富视为一种公共资产，由成员共享。那些独具才干的人，只有当他们利用出众能力和机遇改善了那些不利的状况时，才能从自己的才干和机遇中获利。也就是说，那些天赋占优的人，不仅因为自己的天分较高而使自己受益，还通过抵消那些训练和教育所产生的费用，来帮助那些比较缺乏天分的人。

有才能者的激励，如果能够促进经济增长，并且这种经济增长能够造福那些处于社会底层和不具有才干优势的人，那么罗尔斯的差异原则就会允许这些激励存在。

对罗尔斯的反驳意见有如下几点。

1. 没有人应该得到更强的能力，也没有人值得在社会上拥有更加有利的起点。但纠正不平等的教育机会是一回事，纠正不平等的天赋才能则是另外一回事。难道我们应该给天生的强者施加一些困难来实现这种平等吗？

2. 罗尔斯认为，每个人的回报都应该通过自己的努力得到，而不是出于出身背景、社会地位和才干。他反对优级主义的正义理论，认为人们的才干并不是自己行为的结果。但是，那些拥有一定的出身背景、社会地位和才干的人所付出的艰辛努力又怎么说？例如，马云为创立阿里巴巴经过了长期的艰苦努力；姚明在篮球训练上花费了自己整个青少年时光。难道他们不应该得到自己努力所带来的成果吗？

对此，罗尔斯的解释是，即使是努力，也有可能是一种有力培养的产物。例如，姚明出生在一个注重体育的家庭，因此，相比他人，他拥有被及时识别并加以培养的优势，努力受到了偶然性的影响。对于机遇所带来的回报，我们不应该心安理得地占有。

米尔顿·弗里德曼承认，那些成长于富裕家庭并进入名校的人，比起那些拥有较少特权背景的人，拥有一种不公平的优势；而那些拥有才能和天赋的人，尽管这不是他们自己行为的结果，但比起其他人，他们依然拥有一种不公平的优势。但与罗尔斯不同，弗里德曼认为，我们不应该试着去纠正这种不公平，相反，应该学会去适应它，并享受它所带来的益处。

罗尔斯的理论无疑是一种超越现实的理想，当这种理想忽视了对人的激励，在现实中也就难以被执行。但他带来了一种思想的参照，对我们如何处置影响团队文化中的关键要素——分配，带来了全新的视角。

事实上，有很多看似优秀的团队正是因为对分配的认知不同而产生巨大的争议和纷争，从而走向破裂和溃散。现代企业应该基于自身的现实，在现代思想的指引下，建立能够团结和激发团队的、更合理的财富分配制度。

财富的分配影响着一个人如何选择属于自己的"良善的生活"。虽然我们极力剥除财富与道德的关系，但财富确实让一个人拥有更多的行善条件和选择自由。例如，富豪与贫民过着同样的俭朴生活，我们会称道富豪，而认为贫民为生计所迫。

合理有效的激励机制是促使企业文化落地的重要手段之一，而要建立使企业文化落地的激励机制，需要基于员工需求，建立与之匹配的激励方式，善用奖惩结合的方式，将员工与企业的利益绑在一起。只有基于员工的需求来设计激励方式，才能发挥真正有效的激励作用。

在实践中，企业管理者应仔细观察每个员工的不同心理特征和具体需求，确保激励措施与其需求是紧密衔接的，然后从心理上引导员工的行为动机。

我们可以将亚伯拉罕·马斯洛的需求层次理论运用在员工激励与行为引导上，马斯洛需求层次理论的运用如表9所示。

表9　马斯洛需求层次理论的运用

需求层次	含义	员工身上的具体表现	对应的奖惩示例
生理需求	人得以生存的最基本需求	要求得到一份符合其能力水平的薪水，满足生活所需	薪酬激励
安全需求	生理、心理及情感方面的安全需求	工作安全感、职业安全感和对现状的满足	晋升激励
归属和爱的需求	渴望得到家庭、团体、朋友、同事的关怀、爱护、理解	寻找并建立和谐的人际关系，重视与同事的交往	团建激励
尊重需求	希望被别人尊重或认为自己是有价值的	渴望做出成绩，获得名声、地位和晋升机会	荣誉激励
自我实现需求	自我成就需求和自我发展需求	从事创造性工作，或成为受人瞩目的人物	委派特别任务

彼得·德鲁克曾说过："你不能衡量它，就不能管理它。"在建立企业文化激励机制时，企业管理者要准确把握员工需求，制定激励措施，增强各类员工的积极性、主动性、创造性，进而激发企业文化建设的活力。

第四节　以员工为中心，并由员工推动建立企业文化

如果不以员工为中心、不由员工所推动，那么所谓的文化上的精英管理，其实就是新时期的"奴隶制"。

只有认同企业文化，才有真诚、自发的个人行动，员工才能自觉地维护企业利益和形象，竭诚为客户服务。

"一个群体的文化可以被定义为群体在解决外部适应性和内部整合性问题的过程中所累积的共享习得的产物。其有效性已被充分证明了，因此，被传递给新成员并要求其以正确的方式来认知、思考、感知和行动。这种

累积式的习得是建立在理所当然的基本假设的基础之上的，并最终以无意识状态存在于信念、价值观和行为规范的模式或系统中。"这是埃德加·沙因关于文化的动态定义。

21世纪注定是一个尊重个人权益、注重个人价值实现的时代，真正优秀的企业文化一定能够得到广泛认同。信息技术的发展、变化成为一种常态，世界也正以从未有过的力量来否定自身。原本将企业视为私人或某个集团所有资产的观念，正转变为将企业视为实现群体价值的平台的观念，员工也从传统的雇员角色，转变为创造者、合作者的角色。由此企业文化变革产生了。

企业管理者面对更加独立的个体，需要倡导一种更具有融合力的文化。这样才能将所有的员工真正团结到一起，形成真正尊重个体差异和共存关系的文化。这种文化也才能更为强大，更具有生机和活力。越来越多的管理者意识到企业文化对管理的影响巨大，而且建立让员工进行自我领导的文化比传统的控制管理更有效。一种以员工为中心、由员工推动建立的文化更具有生命力。

企业都经历过从无到有、由小到大的过程。从由创始人做主到以员工为本，再到由员工做主，这是三个层级的文化演进，其背后都体现出管理者思维的升级。在"以员工为本""为员工做主"与"让员工做主"之间，体现出深层假设和价值观念层面的不同。

一、让员工在企业中"去工具化"

员工出售自己的时间、精力与才干，在某种程度上违背了他的"自由意志"，是甘愿成为工具性的人的体现。人的工具化是一个在劳动不能全部被机器所取代的时代的必然现实。而在这种现实中，一个社会企业，有责任在最大限度上尊重员工的独立意志和尊严，让员工和谐且自然地融入富有共同目标的组织体系。

对以自己的时间、精力与才干获取物质回报的"经济人"而言，在入职某家企业之前，应该已经意识到自己应该承担什么。在个人与企业的用工协议中，往往会有一些粗略的规定。而随着工作的展开，员工会逐渐明确自己所充当角色的真正"戏份"。

对于商品，人们应当适当地使用它们。而对于员工，对他们的尊重就是最大限度地考虑他们的自由意志，而不是将他们物化，让他们从工作中获得的回报（包括物质和精神的回报）高于他们因工作所承受的痛苦。

金钱的诱惑是否也构成一种奴役？这个问题的答案并不在别处，而在于员工本人的感受和判断。在一个自由的劳动力市场中，从功利主义角度来看，只要员工认为工作的回报大于他们因工作所承受的痛苦，就不能说工作侵犯了他们的自由和相关的权利。

企业有责任让员工获得的物质回报大于其因工作而产生的痛苦。这应该成为企业和员工在和谐关系中所共同追求的一个目标。事实上，要使这个简单的算式得到最好的结果，企业除了给员工提供尽量丰厚的薪资和福利，还应该尽量减少工作带来的痛苦，让员工在工作中感到愉悦。

将工作本身转化为一种精神收益，让员工在工作中获得愉悦，并因工作富有价值而产生幸福感，这正是阿里巴巴等企业倡导"快乐工作"的原因所在。这也为我们明确了，只有创造一种这样的文化，才能让员工在工作场域中获得更好的体验。

二、促进员工的自我革新

企业本身是个体的集合，其价值观通常也体现着个体的价值观。企业文化的主要功能在于，通过融合一切力量来达成企业的目标。而打破企业与员工之间的文化隔膜的最好办法，就是让员工成为文化的主导者；而员工要成为文化的主导者，则需要深入地感受企业的各个方面。虽然感受与事实是两码事，但只有感受，才能让员工对企业的文化环境有接近正确的评估。

马云说："对阿里巴巴来讲，有共同价值观和企业文化的员工是最大的财富。"企业文化应该由员工共建，因此，提升员工素养也是企业应尽的职责，最终让员工在工作的场域中，成为企业的代表和企业利益的捍卫者。

在日常生活中，基于个人习惯的行为模式无处不在。人生会遇到各种各样的问题。在解决问题的过程中，人们会逐渐形成自己的习惯。把这种习惯和自我认知、自我认同、自我意识紧密地结合起来，会产生对这种习惯的深度依赖。但成功和幸福的关键在于打破习惯，提升自我。

促动员工的自我革新，无疑需要将员工的发展与企业的发展结合起来。应培养员工的全局观，让其懂得知变应变的道理，并使其能够更广泛地认知事物之间的关联，比如事物之间隐性或显见的因果关系，从而突破狭隘而陈旧的自我，驱动自我成长。

三、凸显"融合者"功能：把员工变成老板

人们在工作场合与他人产生联系，并从中获得满足。这样的满足感源于人类寻求认同的基本渴望。每个人类个体都渴望得到他人的认同。这一驱动力是如此根深蒂固与不可或缺，以至于成为整个人类历史进程的引擎。

如果企业能够鼓励员工去寻找和完成那些提高他们职业生存能力的任务，稳固他们在企业中的位置，那么企业也会得到更大的提升和进步。因此，员工的成功自然也就是企业的成功。也就是说，企业不应限定员工的发展，而应该利用员工的发展来提升自己。一些文化开放型的、合伙制的企业就是以成就个人来成就企业的。企业应以员工取得的成就为荣。

在现实世界中，企业有其固有的存在惯性和发展轨道，但团队的发展可以为企业带来身份的转变。例如，IBM 公司从 PC 领域拓展到更广阔的领域中；谷歌通过"重新定义"，转变为由创新者主导的企业。

如果领导者认识到文化变革的必要性，就可以挑选那些最能够代表他们想要推行的新观念的员工来承担企业核心职位的工作，通过有意识地提拔员工作为"文化融合者"来推进企业文化的演变。这些"文化融合者"成长于现有的文化之中，理解现有的文化，同时又发展出了一些不同于现有

文化的新观念，这些新观念与企业文化保持一致。

由于受个人性格、生活经验或者是职业发展所处亚文化的影响，作为"文化融合者"的这些普通员工或管理者在某种程度上持有一些与企业核心管理层不同的文化观念，因此他们可以让企业逐渐产生新的思考和行为方式。

如果这样的员工或管理者被安排在关键岗位上，其他人将会这样想：虽然我们不喜欢他改造企业的方式，但是他至少也是我们中的一员。由此可见，"文化融合者"不仅在一开始就更容易被大家所接受，而且他对企业的核心文化足够熟悉，因此知道怎样从外部变革入手，进而让企业的核心文化成为有利于变革的积极力量。

四、让员工参与体现为"人尽其言"

理查德·费曼[①]说："我从不考虑'我喜欢或者不喜欢什么'这样的问题。我只关注事实，我思考问题的角度是'事实就是这样'，或者'事实不是这样'。"

只有事实才能捍卫观念。坚持观点，需要用事实为它辩护。优秀的企业文化非常注重培养员工诚实的态度和直率的表达方式。只有当企业中绝大多数员工都愿意把真实的想法告诉给团队的时候，这个团队才可能是和谐和富有成效的。诚实待人、积极向上，企业文化理应呈现这一点，这也是企业文化共建的基础。

另外，尊重是沟通的前提，信任是高效合作的基础。企业管理者与员工的关系要始终建立在彼此信任的基础之上。因为信任满足了员工内心渴望胜利和成长的愿望，能使员工爆发出令人意想不到的创造力。

惠普公司从不随意猜忌员工，而是将员工视为自己人。惠普公司存放电气和机械零件的实验室备品库是全面开放的，不仅允许工程师在工作中

---

① 理查德·费曼（Richard Feynman，1918—1988），美国物理学家，美国国家科学院院士，诺贝尔物理学奖获得者，生前是加州理工学院理查德·托尔曼理论物理学教授，主要从事量子力学的路径积分表述、量子电动力学、过冷液氦的超流性以及粒子物理学中部分子模型的研究。

任意取用零件，而且还鼓励他们把零件拿回家，供个人使用。惠普公司认为，不管他们拿这些零件做的事情是否与其工作有关，只要他们摆弄这些玩意，就总能学到点东西。在这种彼此信任的氛围中，员工承担起更多责任，并自觉地进行团队合作，竭尽所能地做好工作。

企业文化通过塑造员工的归属感和认同感，让员工自发地从企业利益出发，贡献自己的力量。而员工归属感和认同感的产生，不仅在于物质利益上的"同舟共济"，还在于让其能够真正参与决策。唯有充分讨论和吸取员工的意见，才能让员工感到企业的发展目标、经营理念、制度规范、环境氛围与自己密切相关，才能赢得员工对企业的忠诚，让员工与企业"同呼吸、共命运"。

好的文化体现为"人尽其言，物尽其用"。华为在企业内部开设了员工心声社区，鼓励员工在上面"胡说八道"，也欢迎员工品头论足，希望心声社区成为畅所欲言的"罗马广场"。

马云也曾强调："表达是一种态度，是一种力量，更是一种责任。"在阿里巴巴，阿里内网就是员工的心声社区。阿里内网开放透明，员工可以在内网实名发表建议、观点，畅所欲言。这也是阿里巴巴"因为信任所以简单"的文化体现。

关于沟通，特斯拉在其《不是员工手册的手册》中写道："从公司角度出发，特斯拉的任何人都可以并应该根据他们认为最快的解决问题的方式，通过电子邮件与其他人沟通工作。你可以和你的经理沟通，可以和你经理的经理沟通，可以直接和另一个部门的副总裁沟通，可以和埃隆·马斯克沟通——你可以和任何人沟通，不需要其他人的许可。此外，你应该觉得自己有义务这样做，只要是为了给公司办成正确的事情。"

五、唤起员工的主人翁意识

谁是企业的主人呢？当然，这里所指的并不是企业的产权所有者，而是指企业中的每一个员工。他在岗位上起着把控一方的作用——他可能是流水线上的一名装备工，缺少这名装备工，最终的产品就可能因缺少某个零部件或某个工艺而成为残次品。他迅捷、高效、理智，他是技术、信息和自己的主人。他知道自己是谁、想要什么、想买什么。在这家企业为他规划的岗位上，他确实是一名主人，并能够实现他的诸多目标。

每一个员工都既是企业中的生产者，也是社会上的消费者。虽然他可能不会消费本企业所生产的产品，但这不影响他成为企业的主人。

要让员工感到自己是企业的主人，需要让他爱上自己的工作，并觉得工作并不是一种约束，工作可以帮助他实现自我的自由。事实上，人们只要热爱某件事，就不会认为这件事是束缚。他会在这些外人看来烦琐的事中找到价值和乐趣，而这不正是企业文化所需要实现的目标吗？

要实现此目标，我们必须以真正的企业主人的身份来看待员工，把他当成"大家庭"的一员。许多企业的管理者已经习惯称呼顾客和员工为"家人"了。这是意识形态上不小的进步。虽然"家人"听上去有点口号化，显得有些矫情，但这终归是一种值得称道的意识。

事实上，企业在建立企业文化时，可以在网络游戏中学习到有益的元素。让·鲍德里亚在《消费社会》中写道："虚拟世界中的权利是一种虚拟的权利。"但这些虚拟的权利却让成千上万的玩家上瘾。玩家会从其真实身份（工作、阶级、民族、人种、宗教、文化等）中逐渐淡出，获得一种主导感。

当然，我们并非要通过企业文化塑造每个员工的权利意识，与虚拟世界不同，真实世界里的权利总与责任紧密相连。即使是最平凡的岗位上的员工，我们也可以通过文化的熏陶让他获得被重视的感受，让员工从中找到自己的乐趣，给予他弹性的工作空间，让他感到是自己在支配工作，而不是工作在支配他。

第五节　员工的自我修养

一、多维度获取信息，破除"模式识别偏误"

　　文化根植于人性和人对世界及自身的认知之中，体现为人对外在环境的适应性，而外在环境又会反塑人。人的解放，在于遵从人性、扩展对世界和自身的认知，并脱离外在环境的束缚。

　　对于员工而言，为了适应组织文化，需要提高自我的认知水准，而其中最为重要的是破除"模式识别偏误"。

　　每个人都是具有自由意志、独立人格和社会责任感的个体。我们通过与他人的合作，达成自己的目标。而在群体中追求个人的成长，克服既有偏见和顽固的认知模式，是一个人获得成长的关键。

　　做一个对事物具有辨别能力的人，并非易事。因为人类天生就是"模式识别"的高手。在原始社会，为了生存，看到风吹草动大脑就会立即告诉人类草丛中可能有猛兽；到了现代社会，模式识别会让人们只要看到两个点就试图连成线，然后一步一步构建出完整的图景。科学上把这个称作"模式识别偏误"。

　　我们的大脑还善于"确认偏误"。因为人们总是倾向于注意并相信那些本来就符合自己想法的信息。也就是说我们不仅存在识别错误，还会不断地自我强化错误的识别结果。例如，当你买了某个品牌的豪车，你就更容易注意到别人开的同款车；你也会主动亲近与你观念一致的人。而这些恰恰会阻碍你的成长。

　　人们天然有着对确定性的需求。一旦我们看到环境中充满不确定性时，就会希望找到能够解释不确定性的理由。阴谋论会让人们相信，那些发生在不确定性中的事情不是偶然发生的，而是有人刻意为之的。一旦你接受并且相信某种阴谋论，你的大脑就会不断自动筛选能够支持这种阴谋论的证据，去进一步巩固你的想法。这样一来，人们就能够把责任归咎到某个人或某个群体身上。

那么我们应该怎样去破除阴谋论呢？有两个方法值得借鉴。

第一，提高认识，培养批判性思维。当听到一个消息时，我们要学会自我发问：这个信息的来源是什么？这个逻辑说得通吗？有没有其他更简单的解释？

第二，多角度获取信息。在算法掌控一切的时代，我们需要去主动寻求不同的信息视角。因为当你在网上看文章或刷短视频时，你所看到的都是你想看的，算法会根据你看过的内容把你感兴趣的信息"投喂"给你，于是，你就会不知不觉地掉进信息茧房。就算你一开始对阴谋论的观念是持怀疑态度的，但当你不断地听到同一个声音时，你可能会逐渐相信阴谋论。

今天，每个人都可以通过自媒体发声，所以就更应该对自己说出的每一句话负责。即使没有发声，当你分享或者点赞某条信息时，其实也是在为你想看到的世界投票。我们的语言塑造着世界，你可以把它变成祝福他人的鲜花，也可以变成伤害他人的弯刀。

二、将自身优势、目标、价值观与团体文化相融

《纳瓦尔宝典》中说："一旦找到正确的事业和一同前行的人，就要全身心投入。这样持续精进几十年，就能在人际关系和经济利益上获得巨大的回报。"

一个员工如果想获得成功，就要对选择的专业领域、工作性质、职业路径等做出审慎的判断。一旦做出决定，就应该认真对待自己的工作。工作是人生的一个重要起点，除了薪酬，你可以从中获得发展的机会，还可以从中得到友谊，认识对你的职业生涯带来帮助的人。当一个人充分了解自己的优势、工作方法和价值观，并做好随时抓住机会的准备时，成功就会水到渠成。

在企业中，每个员工都是通过发挥自己的长处为企业创造绩效的，所以应该知道自己的长处是什么，也应该认识到有哪些方面会影响自身优势的发挥。基于对自我的了解，我们给自己制定如下的目标。

第一，集中精力发挥自身优势。我们能够在哪些领域发挥优势，创造出优异的成绩，那么我们就属于哪些领域。

第二，努力增强自身优势。知道我们在哪些方面拥有优势以后，我们就应该在相应方面提高自己的技能，学习相关新知识。把最主要的精力集中到具有较强能力的领域，让自己成为某个方面最优秀的人。

第三，我们也应该清楚哪些方面是自己的弱项，是可以取得突破的，继而改进自己的弱项。

除了充分了解自身，知道如何做事也同样重要。一个人的工作成效，不仅仅取决于他的技术和能力。一个专业突出的人，也可能因为个性问题而难以发挥自己的技术和能力。所以，在了解自身的优势和特长的同时，也需要对自己的做事方式有所认识。

所以，在学习中，不只要提升自己的专业技能，还要让自己的技能得到充分发挥。为了有效地自我管理，我们需要自问："我能融洽地融入团队吗？"如果发现自己能够与团队中的绝大多数人和谐共处，还需要问自己："我与别人保持什么样的关系，才能与他们更好地共事？"如果作为企业中的决策者，就需要问自己："我如何才能更好地发挥自己的作用呢？"

一个人的优势与其做事方式往往是相辅相成的。有些人的优势可能与其自身的价值观并不统一，所以会出现虽然事情做得很出色，但自我却没有太大的成就感，也不愿意发挥自己的特长，奉献更多的时间和精力的情况。例如，一个人本来在音乐方面很有天赋，也颇具才干，但是他却认为自己的价值应该体现在写作方面。所以，即使他作为乐队的一员使演出圆满成功，也不会感觉有什么了不起。

PART 4

第四部分

企业文化的创新、重塑与迭代

优秀的文化本身应该具有自我延展的功能。只有让组织保持创新力，文化才具有积极的意义。

文化创新有两种基本类型：一是无中生有，在组织内部产生一种全新的文化；二是遵从组织既有的传统文化，对其加以改造利用，让其"破壳重生"，从而产生新的文化。

无中生有的文化创新，与原创性的技术创新一样意义重大。每一次重大的技术创新都必然会带来产品运用和商业文化的创新。例如，智能手机和移动互联网技术的发展带来了种种新兴的文化表现形态。

传统文化"破壳重生"的创新，是最为常见的文化创新方式。如一些旅游景点利用新兴的多媒体技术，增强互动性和沉浸感，让人获得更加生动、丰富的现场体验。

文化创新主要体现为如下两个基本方面。

一是经营思想和价值观念的创新（深层假设和价值观念的创新改变），带来的新兴的文化表现形态的改变。因为新思想、新观念的诞生，会促进新兴文化表现形态的诞生。

二是文化表现形态的创新（人工饰物的创新改变）。传统的价值观念虽然没变，但却以新颖的形式展现出来，以迎合当代人的形式审美的情趣。例如，由声、光、电等新技术带来的传统戏剧表现形式的改变。在组织文化中，制度管理、活动典礼和展览展销活动，都体现出多形态创新。

文化创新可以采取价值观念与人工饰物相互组合的形式，产生新的文化形态。例如,"新瓶装旧酒"——旧的价值观得到新的技术加持,展现出全新的表现形式。不过也有一些传统戏剧虽然融入了场景化的舞台设计,但表现的还是某些传统戏剧中那些陈腐的价值观念。

也可以用传统的表现形式来展现全新的价值观念。就像奥地利作家埃尔弗里德·耶利内克在微型戏剧集《死亡与少女》[1]中借用《白雪公主》的故事框架,以现代人的视角重新书写了白雪公主与7个小矮人的关系,赋予白雪公主以现代女性形象,融入了现代的价值观念和行为特征,在旧有的故事框架下,呈现当代人的思想、情感和精神困惑。

文化创新就是对自身价值观念或外在形象的重塑,文化创新表现为组织的内在活力,是新的通往未来的文化密码,意味着企业的浴火重生。

第十章　破除企业管理中的文化迷思

为什么萨姆·沃尔顿的小型廉价连锁商店发展成了世界连锁零售企业沃尔玛?

为什么井深大在东京一处废墟中召集起来的"乌合之众",能创立全球知名的索尼公司?

为什么老托马斯·沃森能够将小到不起眼的计算制表记录公司发展成IBM公司?

……

究竟是哪些因素促使它们脱颖而出,最终发展成庞大的企业?

带着这一系列问题,吉姆·柯林斯和杰里·波勒斯展开了对这些企业的研究,并最终发现:这些企业有自己的指导理念或精神;正因为如此,它们

---

[1]《死亡与少女》是埃尔弗里德·耶利内克创作的一部微型戏剧集,收入《白雪公主》《睡美人》《罗莎蒙德》《杰基》《墙》《地下王妃》6个精短的剧本,共解构了童话、神话和现代生活中的7位明星女性形象,借她们之口探讨了存在、真理、死亡、爱情、美和性等诸多现代话题。

才超越了平凡，摆脱了唯利是图的短视行为。而那些在别人看来模棱两可的术语，如"视野""目的""价值"和"使命"，成为企业经营中极其重要的变量。

在《基业长青：企业永续经营的准则》一书中，吉姆·柯林斯和杰里·波勒斯倡导的核心概念是阴阳平衡，保核心并促发展。关键词"并"体现出本书对看似矛盾的两个概念的注重，如维护核心价值并实现伟大目标、尊崇文化并发扬个性、传承并创新、约束并创造、重视意义并重视成就。这里体现的正是《尚书·大禹谟》中所言"惟精惟一，允执厥中"的道理。

所谓的平衡只能是动态的平衡。在任何一个社会中，都需要有人去探索边界，克服现实世界的不完美；而那些能够发现时代弊端并寻求破除之道的人，才真正是时代中的人。人类对认知的突破，也正是如此。

第一节　关于价值观方面的认知迷误

一、对核心价值观的坚守

企业文化需要与时代相适应，与社会环境相和谐。

社会始终处于变革之中，不同的时代体现着人们不同的期待和内心渴望。身处于社会变革中的企业，自然需要与社会相适应，与当下人们的现实需求和潜在需求相适应。

但是，处于企业文化中心位置的核心价值观应该具有恒久性和普遍性，这样才能让企业的核心价值观念始终如一，不会因为外部的行为和活动的变化无常而产生割裂感。这样企业才不会为了适应不断变化的环境而频繁去修订最核心的内容。

核心价值观之所以"核心"，是因为它并非从功利目的和技术手段的角度加以描述的，而是从人性、企业经营和世界的最本质、最底层的角度加以描述的。另外，核心价值观应该内化于心、外化于行，而不是口号化的彰显。

价值观需要让人真切地感知，而不是单靠口号去彰显。稻盛和夫就以身作则地让人们看到了"自利则生，利他则久"的经营智慧。他时刻提醒自己，做人绝对不可以自私自利，一定要有广阔的胸襟和舍己为人的胸怀，只有这样才能获得他人的尊重。

价值观的竞争优势来源于人们对原有价值观念、信仰的超越，或是价值观能够激发别人的共鸣。例如，平等与自由的观念就超越了种族观念和阶级观念；又如，华为的"以奋斗者为本"，即使那些身处高福利国家过着闲适生活的人，也会对此表示敬仰。

一家没有愿景与核心价值观的企业，不会形成具有凝聚力的企业文化，反而会让员工感觉是在从事一份没有灵魂的工作，这注定难以调动员工的士气和精神，也难以赢得员工真正的忠诚。

二、尊重人性

那种"既要……又要……还要……"的表述，听起来面面俱到，考虑周全，但在现实中鱼和熊掌不可兼得。如某些企业声称自己对股东、员工和顾客的利益同样关心，或者声称自己的产品质量最好、成本最低。但事实上，股东、员工和顾客的利益时常存在冲突。

《佛遗教经·众生得度》中说："自利利他，法皆具足。"企业在经营中往往会存在用其宣扬的信仰和价值观无法解释的行为，这可能是因为我们只看到文化的一个侧面，而并没有看到全貌。为了更深层次地理解文化，破译文化模式，正确地预测未来的行为，我们必须更充分地理解文化的基本假设的范畴。如某些宣扬集体主义至上的群体，往往并不具备精诚合作的团队精神；而那些鼓励个体主义的群体，往往却具备高效合作的团队精神。对于这种表面的可观察的行为，如果我们不进行深入探究，也许就不会发现这样的一个潜在而有效的规则：不尊重个体的权益，就没有公共利益。

尊重人性是一切道德的起源。人首先是自然性（动物性）的人，然后才是社会性的人。利己是人与生俱来的本性，但利他是社会要求和自我设定的目标。事实上，每个社会和组织都必须既尊重团体，又尊重个人——

因为没有其中一个，另一个就没有意义。

三、宽容人性的弱点

企业的价值观、目标和愿景一经确立，就会保持一定时间，除非发生重大的变革，否则不会轻易改变。因此，企业应该以共同的价值观、目标和愿景来遴选员工，如果初期入职的员工不具备这些，则可以通过文化培育使之具备。

人是社会性动物，但利己主义是人性的必然。然而，单纯的利己主义并不足以让人们从事工作，人们需要一种归属感。人们会在群体中辨识自己，如果这个群体不能让他们产生信赖，那么他们就会寻找另外一个群体。

企业在给人们提供施展技能的机会的同时也会接受人们的弱点。员工是企业不可或缺的组成部分，应该获得工作保障并有资格享受公司的利润。企业应该给员工提供主动、富有创造力和自由的工作环境。当企业满足了员工合理的需要和期待时，企业就会运行良好。

运行良好、健康的企业会鼓励公开的辩论和直接的对话。员工应该被鼓励使用才能，推动共同的事业发展。管理者要想点燃员工心中的热情之火，就必须鼓励企业内部亚文化的发展，并允许员工寻找自己认为有意义的工作和交际方式。强有力的、适当的企业文化，有利于帮助企业获得员工的忠诚与能量。

第二节　文化管理中的悖论及相关问题

一、短期目标与长期目标

所谓"神仙赶路，不追小鬼"。如果猎人的目标是巨兽，就不会因面前偶然间跑过的一只兔子而浪费时间。

但在现实中，鲜有企业不会被短期目标所吸引。它们似乎觉得获得一只兔子比一头猛兽更容易，于是就背离了其原始设定的目标。这种背离长期目标而适应短期目标的事例在企业经营中普遍存在。

这种相互矛盾的目标自然会被投射到企业文化上，如将股东的收益回报率视为第一的企业，注定会轻视员工和顾客等利益群体的权益；一个注重短期收益的企业，会减少对长期目标的投入，从而营造出一种满足于眼前的氛围。

这会影响注重长期目标的文化产生。而企业拥有长远的战略部署，会让员工看到希望，并使他们对未来充满憧憬。

当然，并非所有的短效主义行为都是错误的。企业自然可以将一些并不损害长期目标的短期收益纳入囊中，关键是需要对具体的行动加以识别。

二、文化与战略的共生关系

文化并不是能够解决任何问题的"灵丹妙药"，而且不应该期望它具有快速解决问题的能力。文化的强大也正在于它具有无声无息的影响力。

文化虽然不像战略那样具有明显的实效，也无人能够说明"文化究竟如何发挥作用"，但关于文化有效性的证明已经变得十分充分。

员工更容易受到文化的引导，而非战略和制度的影响。

文化会使人们形成某种根深蒂固的行为模式，而战略是关于如何有效竞争的一种理念，所以，企业需要把战略行动与文化行动结合起来。

如果说，战略涉及经营业绩和财务指标等硬性的内容，那文化则体现出组织的柔性，涉及那些无形却切实起作用的内容。一个有眼光的商业领袖自然会将文化与战略并行考虑，而不会忽略任何一个。

企业文化与企业战略的深度契合，是企业实现目标的有力保障。

战略与文化之间存在共生关系。战略需要建立在文化的基础上，同时，战略也会深刻地影响文化，促进文化的发展，并成为文化的组成部分。通用电气原首席执行官杰克·韦尔奇说："企业的根本是战略，而战略的本质就是企业文化。"

文化与战略相互依存，构成彼此的骨骼和血脉，二者在企业的不同发展阶段，发挥不同的作用。在初创期和成长期，企业发展方向往往以战略为主导；而进入成熟期后，则往往以文化为主导。因此，文化具有和战略一样的旗帜指引性和刀剑般的竞争力。

三、拥护传统与支持变革

马克思在《路易·波拿巴的雾月十八日》开篇中写道："死去一代的传统盘踞在活人的脑中，沉重有如一场噩梦。"

我们既需要尊重历史，也需要拥有重新阐释历史的能力。历史中的人物与事件，不仅是飘零于时光之中的符号，还是我们当下的缩影。历史往往难以拥有客观的真相，是因为其更多来源于人们不同的阐释。阐释是唤醒历史的唯一有效的方法。阐释是构造新现实的一种能力，这需要我们能与人类共通的情感产生共鸣。就像尼采所说的那样，我们理解历史并不是因为历史具有某种"本质"，而是因为人类的心灵具有相似性。

在当今社会，年轻的劳动者已经不再像他们的父辈那样，仅能在所从事的工作中找到意义和价值。虽然他们依然需要通过工作来维持生存，但他们可以从工作之外的很多地方实现自我，所以他们更加难以融入企业的精神与灵魂。他们会急于回到家庭、朋友、个人兴趣等工作之外的"怀抱"里，这些地方更能体现他们的兴趣和价值。企业需要认清新的现实，并做出相应的变化。

勇健的企业文化必然是博雅而进取的，具有开放性和包容性，敢于面对竞争，能不断吸纳新思想，为己所用，而不会故步自封，孤芳自赏。无法适应变革会使企业文化丧失生命力。另外，需要永远铭记：行动比语言更有力。

所以，文化在拥护企业传统的同时也支持变革。变革包括新的做事方法、新的营销战略、新的办公环境、新的技术和工艺。

只有当长期存在的核心价值观或者被广泛接受的行为和仪式受到威胁时，文化才会抵制变革。而当某项变革遭到抵制时，我们一方面需要深入思考"这一变革真的有利于企业的未来吗";另一方面,如果该项变革确实是有益的,也需要以充分的理由和耐心说服大家——世界的进步在于否定自身。当企业文化发生正确的变革时,它带来的可能是企业的生存与繁荣。

深刻的变革是一个痛苦的过程。因为太多的人容易迷恋"旧日的好时光"。事实上,人们总是会铭记那些美好的东西,刻意忘记不好的东西。而人们之所以拒绝接受变化,很多时候是因为他们对新的现实缺乏把握,尚未树立迎接未来的信心。

任何变革都会产生反对者。那些从现存秩序中受益或者对其保持好感的人会成为变革的阻力,所以推行变革需要强有力的领导者。有时听取合理的反面意见,也有利于完善方案。

文化变革需要清晰的蓝图。管理者必须告诉员工如何改变,并以员工能够理解的方式开展变革。在现实中,许多人希望通过改变些什么来证明自己,因此,总会有人在不能正确预判结果的情况下就急于变革。文化变革犹如在人的脑袋中动刀,所以要求操作精巧细微。高明的管理者深知"无为胜于有为"的道理,在文化变革必行之时,能做到"于无声处听惊雷"。

四、被唤醒的企业文化

企业文化常常由自发性的亚文化拼凑而成。在企业之中,由于每个人所处的部门不同,所承担的具体任务不同,所以每个人都会处于相对独立的世界。

这些亚文化存在于企业之内,又从企业中独立出来。亚文化保护着自己的规范和价值观,并抵制其他方面的干扰。生产部门担心的是细节,而不是顾客和成本;行政部门关注成本,但不太注重质量和顾客需求;销售部门注重销售数据和顾客满意度;高层管理者关心股东利益,却忽视员工利益。不同职能部门既需要紧密合作,又会出现利益冲突。这时候,就需要思考,如何把不同的亚文化的价值观和信念整合到一起,形成的共有核心文化。

对于那些经历了裁员、兼并、重组的企业而言,企业传统文化和原有的组织结构变得四分五裂,一时似乎回不到曾经熟悉、安全的世界中了。

对于管理者而言，需要面临的关键挑战是：围绕一个共同的目标，找到一条途径，把碎片式的亚文化结合成统一的整体。只有重新获得群体凝聚力，才能带来强有力的业绩。

企业重建的目标所需的工作是细致的、耗时的、困难的。然而，又是有路可循的，并且最终的收益也是巨大的。

五、文化重塑中的"忒修斯之船"

"忒修斯之船"隐含着一个有关身份更替的悖论，即当某物体的构成要素被置换后，它还是原来的物体吗？

这是公元1世纪的时候普鲁塔克[①]提出的一个问题。它将一艘船可以在海上航行几百年的原因，归结于不间断的维修和部件的替换。只要一块木板腐烂了，该木板就会被替换掉，以此类推，直到所有的部件都被替换。那么问题出现了：最终的这艘船是不是原来的那艘船？如果不是原来的船，那么从什么时候起它不再是原来的船了？后来，英国哲学家托马斯·霍布斯对此进行了延伸。如果用从忒修斯之船上取下来的老部件来重新建造一艘新的船，那么两艘船中的哪艘船才是真正的忒修斯之船？忒修斯之船如图11所示。

图11 忒修斯之船

[①] 普鲁塔克（约公元46—120）罗马帝国时代的希腊作家、哲学家、历史学家，以《比较列传》（又称《希腊罗马名人传》或《希腊罗马英豪列传》）一书闻名后世。他的作品在文艺复兴时期大受欢迎，蒙田对他推崇备至，莎士比亚不少剧作取材于他的著作。

关于一个物体是否仅仅等于其组成部件之和的一个更现代的例子是，一个不断发展的乐队，其成员不断被替换，直到某一阶段乐队中没有任何一个原始成员。这个问题在各个领域都有出现。如企业在不断并购和更换东家后仍然保持原来的名字；人体在不间断地进行着新陈代谢和自我修复。"忒修斯之船"这个命题的核心意义在于，让人们去反思身份是否被实体所局限。

其实，忒修斯之船有三个层次的意义。第一，是指由有形材料组成的整体。第二，是指对这个整体进行命名后其意义与象征。第三，是指这个名字。当然，这之间的关系不是非此即彼的，也不是完全割裂的，而是互相交融的。简单来说，就是主观与客观彼此相依。我们不能脱离这艘实际的船来命名，也不能脱离命名来表述这艘船的存在，更不能凭空去述说这艘船的故事与意义。

回归到我们所讨论的文化主题，一些人总是在担忧文化改变后就不再是我们的传统文化了，因此固守着那份纯粹。可是，传统文化如果不能丰富我们当代的精神和生活，其价值又何在呢？而在时代变迁中，原有传统文化的基础已经不在，那我们所坚守的是否依然是那份传统文化呢？

现象学大师胡塞尔说："本质是超验的。"在悬置了事物的存在之后，剩下的就是一个摆脱了独断论束缚的无限广阔的现象领域，一个真正自明的现象领域。决定忒修斯之船本质的并不是那些造船用的木头，而是那些木头按照某种规则所形成的功能与象征意义。当然，文化的本质也不在那些文化的表现物中，就像唐装并不代表唐代文化的本质一样。

六、文化的全球化

许多人认为全球文化本质上是一种后民族主义文化，是鱼龙混杂的文化，全球文化无中心。但在某些文化学者看来，说全球化，不如说是全球美国化，因为美国是一个全球化的国家——那里有着各国移民。这些移民带来的国家文化融入了美国的文化。

阿尔君·阿帕杜莱[①]认为，全球化同样会引发新的差异化的生活方式。他在《消散的现代性：全球化的文化维度》中写道："美国是个极其适合做文化试验的地方，其文化产品的发行、流通与引进都极为自由，而且有由移民带来的多样化环境供其进行各种文化产品材料制造的测试。从某种意义上来说，这个试验已经开始了。美国的这场令人目眩神迷的'大型车库甩卖'，已经向全世界敞开了大门。日本人去那里打高尔夫、投资房产；欧洲与印度学它的商业管理与技术；巴西和中东借鉴它的肥皂剧；波兰、俄罗斯等国学它的供给经济学；韩国学它的基督教基本主义……"

这些文化学者思考意识形态、金钱与市场在文化中的共存关系，思考媒体的"洗脑"与审查策略，思考人类"地球村"的未来。他们为跨国集团的整合而担忧，为某些民族特色的消亡和生活方式的改变而担忧。在应对这股全球化潮流的过程中，许多国家选择做强自己，而不是闭门自修、独善其身。事实上，也不可能有国家在全球化的潮流中偏安一隅，我们必须选择去面对它。

对全球化发起最为激烈的抨击的，正是处在美国这个全球化国家里的知识分子。一些"保卫民族、保卫文化差异"的反全球化言论也甚嚣尘上。事实上，他们是在保护自己的领地不受外界染指。

作为人类，我们"生而全球化"，追求利润，也追求真理，一切美好都值得观瞻和拥有。"经济＋文化"全球化的大势未消，而科技改变了它的维度。现今全球化的问题因地缘政治而变得更为复杂，但互联网、大数据、云计算、AI，已经构建出一个虚拟世界全球化的基础。

就像遗传学告诉我们的一样，杂交可以带来后代的优化，近亲繁殖只会让后代有着诸多的遗传病。我们迎接文化全球化的策略就是从中吸收精

[①] 阿尔君·阿帕杜莱（Arjun Appadurai），人类学家，1949年出生并成长于印度孟买，后赴美国求学，获芝加哥大学博士。曾任芝加哥大学人类学与南亚语言及文明教授、芝加哥大学人文学院院长、耶鲁大学城市与全球化中心主任、新学院全球倡议资深导师，现任纽约大学斯坦哈特学院文化、教育与人类发展学系教授，并长期关注全球化、现代性、种族冲突等议题。《消散的现代性：全球化的文化维度》是令其名声大噪的论文集，另著有《殖民统治下的崇拜与冲突》《对少数者的恐惧》等。

华，把流行元素借鉴过来，用自己的文化叙事策略，去讲述自己的日常主题。在文学界，"南美文学大爆炸"就是一个例证。南美文学成为全球文学的一股潮流，体现出强烈的南美特色。南美国家并非身处于文化和经济的中心，其文化却席卷了全球。

文化全球化本身就是对全球文化的一次融汇。人们担忧强文化会吞噬弱文化，在平衡的多元化中形成一家独大的垄断局面。这种担忧虽然客观，但又似乎不足为惧。因为任何有生命力的文化都应该寻求改进，而不是一味地寻求保护，抗拒竞争，否则这种文化只会因自身退化而消亡。在历史的浪潮中，该退场的终究会退场。徒劳无用的感伤是弱者的表现。

全球化提供了一个更加宽阔的宏观文化的背景，在此基础上，每个国家和地区依然可以发展出新兴、独特和多样的文化。事实上，文化之间产生的竞争对立常常孕育着创造性的改变，这样跨文化启迪的例子不胜枚举。

例如，20世纪五六十年代，新浪潮电影在法国兴起，正是因为当时好莱坞的电影有专业演员、有令人惊奇的剧情、在摄影棚中拍摄、采取产业化的生产模式，对欧洲电影形成了压倒性优势。当时安德烈·巴赞（Andre Bazin）主编的《电影手册》聚集了一批青年编辑人员，他们深受萨特的存在主义哲学影响，与类型化的好莱坞电影针锋相对，提出"主观的现实主义"口号，反对过去影片中的僵化状态，强调拍摄具有导演个人风格的影片。他们认为生活是散漫的、没有连续性的事件的组合，从而在电影创作上否定传统的完整情节结构，建议以琐碎的生活性情节代替戏剧性情节。当这些从未拍过电影的人被提出"有本事你们来拍呀"的问题时，他们扛起了摄影机开启了自己的电影行动。他们打破了横亘在观众与屏幕之间的"第四面墙"，强调生活气息，主张即兴创作，选用非职业演员，直接走到街上，采用实景拍摄，直击现代人的内心。新浪潮电影的出现将西欧的现代主义电影运动推向了高潮，其表现手法比较多变，深刻地影响了美国和世界其他国家及地区的电影。

再如，1853年，美国海军准将马修·佩里率领黑色舰队登陆日本，于是日本和西方国家有了正面交锋，正是这一交锋，为明治维新和日本后来的工业化铺平了道路。而在过去的几十年中，像精益化生产之类的技术又从日本传入美国，精益化生产取消了生产过程中的缓冲措施，加快了生产车间的反馈速度，美国的工业发展因此受益。

如今，我们的制造商能够偏安一隅，仅将产品投放于本土市场吗？我们的产品投向何处，目标消费者是何人？谁是我们最青睐的受众？我们的文化能够感染什么样的人？

作为制造业大国和人口大国，我国的一个关键任务就是让绝大多数的人有正当的事情可做，消除潜在的失业风险，唯此才能促进经济繁荣和提高经济活力。要将我们制造的产品销往全球，则需要我们融入全球的大家庭，这样才能畅享全球市场。因此，与我们产品相关的价值观，理应是能够被世界消费者接受的价值观。这种价值观需要源自我们内在的真诚，并具有普遍性。而靠外部强力维持的价值观是易碎的，并且维持这样的价值观需要付出高昂的成本。

我们需要的是创造，而不是复兴。我们需要"静静地追忆"，并从中找出自己的发现。但是我们不能完全沉浸于对历史的回忆之中，而忘记了要走的路。在这个价值多元化的世界上，我们必须诚实地面对世界，面对科技与文化发展的可能趋势，面对目的与手段之间的因果关系。在采取行动时，保持头脑清醒，并具备与之相应的责任能力。

七、克服宏观文化中的偏见——正确认知企业家[①]的社会角色

在众人欢宴之后，他们往往是沉默的买单人。

在社会的生产与创新的重要环节中，他们始终是最为有力的组织者和践行者。

[①] 这里的企业家是一个通俗的泛指，包括将生产要素组织起来，通过输出产品、服务或创意，投入商业冒险活动的所有人。这些人可能并没有伟大的使命感、强烈的社会责任感和过人的品质，但他们却以自己的物质资源、精力和时间上的付出，实现了利他——绝大多数的中小微企业解决了绝大多数人的就业并成为国家税收的重要来源，这本身就是平凡人所做出的不平凡的贡献。

在社会的舞台上，他们提供的是最为坚实的东西。他们铺就了现实的道路，而不是幻想的天堂。他们像野草般遭受过无尽的摧残和毁灭，但只要稍有雨露春风，就会冒出新绿。

对，你知道我说的就是企业家群体。

商业才是最大的慈善。商业文明造就了繁荣与自由的世界。我们今天的衣食住行，所触及的一切，都体现出企业家的功劳。

在走出农耕时代却仍崇尚农耕文明的社会，企业家很少被视为时代的精神标杆。他们创造了人人分食的福祉，却往往被忽视，甚至被污蔑一身"铜臭味"。可事实上，鲜有不希望自己变得富有的人。

人们对财富的渴望和对知识的渴望、对德行的渴望一样具有正当性。这应是现代文明社会的共识。企业家的作用无人可以替代，也无人可以否认。我们应该警惕社会中流行的仇富心态和言论，我们要探明这些仇富心态和言论的根源。我们需要建立更加公正的分配机制，但对企业家正当的创富活动理应给予支持。

平庸是智慧之母，杰出之士也起于平庸之中。无论是否出于自愿，企业家仅能通过利他而实现自利。就像亚当·斯密在《国富论》中所说的那样："每一个人不需要自己关心社会福利，他也不知道自己怎么去推动社会的福利。"

在自由竞争的世界里，企业家们缔造了商业文明和社会新秩序。企业家所注重的是经世致用之学，他们是一些积极的入世之人。企业家铸就了社会和谐的基础，承担着引领企业发展的重任。对企业家群体而言，他们的存在是如此重要，是任何群体都不能替代的。历史已经证实了这一点。环顾世界，凡商业欠发达的地方，大多陷于贫穷与混乱。也就是说，企业家们的境遇也正是大多数人的境遇。当他们萎靡不振、丧失意气，或者遭遇磨难，或者选择隐世离去时，那么就预示着：社会注定会回到贫穷与混乱的苦难之中。

物质财富的生产与创造是人类生存的基础，而这一切也是社会繁荣与人们获得自由的基础。数千年以来，物质自由始终是绝大多数人的共同目标。所以优秀的企业家和企业家精神是一个国家最为重要的资源。对于现代而言，更是如此。在告别小农经济和农耕社会之后，在工业化、商业化、信息化主导的今天，过去那种重农抑商的传统应该翻篇了。我们需要浓墨重彩地书写商业文明的新篇章。我们的企业家所扮演的角色也不是自古以来就熟稔的角色，他们总是要面对不确定性并承担起最大的风险。企业家生存于竞争的市场，在险境和辛苦中求存，毫不懈怠，孜孜以求。至于一些不良商人和黑心企业，那是法制管辖的范畴。对企业经营，国家附属机构亦应该施以合法的约束。毕竟，对于一个人来说，如果他不投身于物质财富的创造，或者是精神财富的创造，他还能干点什么正当的营生呢？

事实上，金钱早已成为人类共同的语言。现代社会的几乎所有的活动都建立在金钱的基础上。金钱的流通，消灭了诸多可能存在的障碍。自由市场对所有人开放，允许每个人从中寻找属于自己的机会。

市场也是检验一个人最终价值的场域。大家可以在其中做自己想做的事，思想和创造力都可以于市场的竞争中呈现。因为市场中充满了机会与选择，所以市场不会允许坐享其成的人和一成不变的人存在。人们要想在市场中获得成功，就必须投入智慧、时间、精力或者资金。

时代要求企业家要有更宽阔的视野、更崇高的梦想，他们也同时应该有更高的价值实现。在工业化时代、商品经济和新兴知识经济时代，企业家是将劳动者及其他生产要素组织起来的不可或缺的一环。一切都是崭新的，在历史上前所未见的。因此，我们需要以对未来负责的精神，投身到对美好生活的创造中。企业家是使社会保持活跃性并富有创造性的最为重要的力量。这是一种颠覆性的历史认知，需要从文化和每个人的情感层面上加以更新。我们不能再抓住农耕文明的某些观念和僵化的意识形态紧紧不放，仿佛那是自己的命脉所系。就像所有的生命体都存在新陈代谢，包容、吸纳、自我更新才更能体现出文化的生命力。先进文化的作用在于造福人民，而不在于其他。我们应该有勇气和魄力创建通往未来的崭新文化。

因此，我们的文化更应该注重培养创新力。创新一方面可以丰富我们的文化，另一方面可以促进文化的升级，推动文化迈向更高的层级，使文化展现出更光明、更温暖、更具善意的力量。

我们反对自我中心主义和虚无、肤浅的文化崇拜。文化带来的是稳健的机制，而不是单一的依赖，可以帮助我们摆脱个性的随意性，这是不确定中的确定性。

文化创新意味着观念和思想的变革，而观念和思想的变革源于我们对每一个个体的尊重。创新的文化让个体活得有尊严，增强他们内在向善、向上的力量。

第十一章　文化重塑与迭代

　　事实上，每个成熟的企业都是在不断的变革中成长起来的。那些成功的企业都是在内部觉醒中寻求改变并积极投入行动的。

　　企业文化应该"止于所当止，发于所当发"。而要做到这一点，则需要对其所处环境和自身经历有所认知，认清那些对自身起作用的规范、目的和支撑自身的价值观念。

　　对于企业而言，最糟糕的一种状态是那种山头林立、无规则的状态，每个人、每个部门都持其观念，并毫不妥协地坚持自我。这样的企业，不在意未来，而仅关注当下和既有的利益；人们并不敬重一个人的才干，只服膺于位高权重者；他们对亲人、盟友的信赖超越了对事实和真理的关注；他们视存在中的一切都是合理的，抵抗一切批评意见和变革思想；他们觊觎别人的成功，但不知自己应当有所追求。当一个组织中绝大部分的人都处于严重的价值迷乱状态时，这个组织就是一个文化层面的"死组织"。

　　一些企业的文化的"死亡"，就在于"诸侯割据"造成部门自治而缺乏体系上的协调，违背整体利益只追求个人利益，这正是需要进行组织变革和文化变革的一个信号。

　　通过文化重塑和熏陶，我们期待员工能够展现出全新的精神面貌，并做出过去没有做过的事。这要求他们的思想、思维方式和实际行为，都要符合企业期待的新方向。

　　组织的文化重塑必然也会带来个人的重塑。员工作为企业中的人，既是重塑的客体，也是重塑的主体。"依赖于人，服务于人"，表明了文化重塑的目的和手段。

　　文化重塑本身也是一种系统性行为，包括重塑企业的核心价值观、表现形式和运作模式等诸多方面。从根本上来说，企业文化重塑就是要培养员工对企业的责任感，和他们作为企业利益共同体的"公民意识"。当然，文化重塑本身也是一种授权行动，让每个人知其所是、知其所为，共同应对挑战。

另外，我们需要认识到，人并不是一个"标准化产品"。每个人都拥有独特的个性和天赋，而这些个性和天赋理应得到足够的保护和引导，而不是被束缚于某个统一的标准上。

文化重塑既是理性的，又是感性的。它既要求我们必须有组织、有系统、有规律地进行分析和研究，也需要我们多看、多问、多听。成功的文化重塑总是从现在做起，从小到大，起于毫末。

文化重塑和所有的创新一样，并不是鼓励人们去冒险，而是要人们在减少风险的情况下，尝试去做正确的事。文化创新，不是文化上的浪漫主义，不是某个人的"灵光乍现"。它和所有成功的技术创新一样，有着明确的目标，并通过人们周密的分析、辛勤的工作和严密的系统来获得成功。

第一节　文化重塑中的问题

历史悠久且优秀的企业总是愿意让员工了解自己的历史，因为在企业的发展历程中存在着某种黏合剂。企业的发展史，以及曾经的经验和教训，都可以成为员工的精神财富。企业的历史也正是文化的根基。

借用卡尔·雅斯贝尔斯的"哲学是一个动词"的说法，历史也是一个动词。历史"拖着它那残破不堪的身体蠕动着"，融入现实，让我们分辨不出历史与现实。

历史是伟大的"老师"，它可以是未来应该是怎样的思想库，但它可能不是人们期待的未来，它可能比人们期待得更好，也可能更坏。这位"老师"可能会披上新时代的外衣重新出现。当事情发生巨大变化以后，那些试图回到过去的想法是不明智的。我们应该做的是从历史中学习经验，以获得强有力的保障未来的信念。

实际上，任何一家企业，不管其规模大小，均有其文化身份。这些文化模式和行为是通过创始人和企业管理者的不断灌输形成的。这种文化与创始人和管理者的愿景和价值观念相一致。如果其愿景和价值观念能够塑造一家长期繁荣和成功的企业，并赢得员工的认同，那么一种强有力的文化就会出现。

重构过去的尝试，最终往往会成为苍白可笑的模仿。因此，我们更应该尊重现实，面向未来。在企业的演进过程中，文化面临着重塑。我们要有勇气审视我们的道德框架，修复疏漏之处，维护那些正当的核心价值观。

一、企业在不同发展阶段需要不同的文化

文化一直都在，犹如有鱼的地方必存有水，有人的地方必存有空气。文化根植于每个人的内心，人们的行为习惯与文化紧密相关。文化往往被忽略，但在关键时候又会起到关键的作用。

企业的历史包含着某些价值观和信念，这些内容能够成为塑造未来的灵感。

初创时期的企业，大都有着一种英雄主义的光芒，像一匹孤狼捕捉属于自己的机会，它们的目光是向外的。因为只有外部才能给它们提供生存下去所需的资源。

而当企业发展到一定的规模，形成对优势资源的占有和垄断后，睿智的企业家总是会不断提醒自己的团队向内看。这时，企业需要重新寻找自己的身份，即"不忘初心，方得始终"。企业需要重新发出这样的疑问：我是谁？顾客是谁？新的需求在哪里？

如今的企业往往沉溺于短期的经营业绩，这使得它们往往忽略了对"从哪里来""到何处去"的思考。

二、文化需要面向现实和未来

在一个健康稳定的社会环境中，我们都应该成为对未来负责的人。也正因人类具备这种前瞻性的思维，才不断取得进步。所有的成功人士也都是一些懂得延迟满足的人。这说明人是为未来而活的，不断为未来蓄

力——虽然时常需要应对眼前的问题，但目光始终投向未来。

如何确立脚下所立之处，就是未来之路的起点呢？答案就是，今天是过去的未来，而历史正是今天的起点。

企业不应以专横的手段达成人们对自身价值观念的共识，解决文化冲突的方法只能在文化上，文化在冲突中相互吸收、交融，在竞争中实现进化。文化不是一个名词，也不是一个静止的、永恒的意识。

彼得·德鲁克认为，关于企业宗旨和使命的定义很少能够维持30年以上，一般而言，只能维持10年左右。因为随着社会变革和技术进步，顾客及顾客需求都会发生变化，因此，企业需要重新审视自我。

为了能在利润上创造奇迹，企业文化必须与它所在的环境步调一致。任何一家企业都不可能在一个与社会要求相悖的环境中长久生存和获得发展。

对于管理者而言，需要确定本国传统、历史与文化中的哪些内容可以被用来构建自己的企业文化。我们的文化不仅需要面向自己，还需要面向外部；不仅需要立足现在，更需要立足未来。

文化传统是否应该因业务的变革而变革，这是一个无须争辩的问题。业务变革注定带来企业组织结构的调整；而为了适应新的组织形式，文化注定会被重塑。对于变革之后的企业而言，同样需要寻求一种更具有凝聚力和竞争力的身份意识。

在新的条件下，企业需要重新审视自己的价值观。无论是重新肯定，还是有所修正，都会牵连到其经营模式和活动的全面检查。

大量的案例也表明，面对外部环境的变迁和经济状况的起伏，保持一种富有凝聚力的文化极为不易。而平衡顾客、股东和员工这三者之间的相互矛盾的需求是很困难的。尤其是在一个充满变化的时代，每一家企业都会面临诸多问题，这些问题因为相互羁绊而变得错综复杂，企业家也往往难以取舍和平衡。但机遇也正存在于问题之中，唯有拥有稳定价值观的人才能塑造企业的未来。

三、企业文化需要尊重人性的不完美

现实生活中没有完美的个人，仅有为实现某种目标而组建的完美团队。

被誉为世界"现代管理学之父"的彼得·德鲁克深知人性并不完美，因此认为人所创造的一切事物，包括人设计的社会也不可能完美。他对社会的期待并不高，那只是一个具有较少痛苦、还可以容忍的社会。不过，一个正常的社会应该具备一个基本功能，为生存于其中的人提供可以正常生活和工作的条件。因此，功能正常的社会至少由三大类机构组成——政府、企业和非营利机构，它们各自发挥不同的作用。企业和非营利机构为人们提供特定的产品与服务，政府则维护整个社会的公平、正义。其中，企业更可能成为民主治理和自由文化的典范。

虽然人性是不完美的，但是人彼此平等，都有自己的价值，都有自己的创造力和自己的职能，都拥有应该被维护的尊严。因此，在彼得·德鲁克的核心思想中，管理不是控制，而是鼓励与引导。管理并不在于利用或抑制人性的恶，而在于激发人性中善的力量。故管理本身呈现出"尽美"，呈现出人的"神光"。

这就意味着企业文化必须着眼于人的权益和价值，管理应该从各种人文科学和社会科学中汲取营养，包括心理学、哲学、历史学、伦理学和经济学，以及从自然科学中汲取知识和见解。除了让企业取得业绩和成果，关心人，促进人的成长与发展，也成为管理者的主要技能和工作内容。

新时代知识工作者的崛起，对传统"胡萝卜加大棒"的管理方法形成了挑战，为企业文化提供了新的基础和条件，权威式管理正在成为过去。除了为顾客提供价廉物美的产品与服务，为股东赚取合理的利润，管理者也应该帮助自己的员工提升品格和能力，让他们成为负责任的"社会公民"。

有效率的管理者首先不会从别人的弱点着手，而是考虑他们的优点和才能是否对提升企业业绩有所裨益。真正的重点是完成任务的能力。如果具备这种能力，其他方面的欠缺就应该得到包容。

在中国人传统的审美趣味中，拙朴被视为一种大美。篆刻家会在原本

完整的印章上随意地敲出几个缺口,以制造某种不完美。这与西方将断臂维纳斯视为一种完美一样,表达出"不完美才是美"的思想主张。

《异识》一书的译者导言中说,正义就是对"正义的本质"的模仿。现实生活中的人不是功能性的存在,而是本体性的存在。在企业中,员工虽然被赋予某种功能性目标,但员工并不能完全被当成具有某种功能的工具来对待。

团队中的人们因为共同的价值观而聚在一起,但任何一家企业,如果员工个性过于一致,会让其失去观点的多样性,而观点的多样性对于在复杂而充满竞争的市场里取得成功是至关重要的。所以,企业文化需要在相似和相异中寻求适当的平衡。

也就是说,在企业文化的塑造中,我们所追求的并不是绝对的统一,而是保存鲜活的个性。

第二节 重塑企业的灵魂

重塑,意味着变革。正如史学大师陈寅恪先生所言:"凡一种文化衰落之时,为此文化所化之人,必感苦痛……"陈寅恪道出了文化重塑之中一些人的伤痛。当文化与现实利益纠缠于一起时,变革就会变得更加困难。

相比"肉体的血脉",陈寅恪更看重"灵魂的血脉"。灵魂的家园才是人们真正的家园,而人的灵魂为文化所熏陶。即使看似陈腐的文化也有其遵奉者,因此,有人告诫道:不要轻言变革。

事实上,没有变革就没有进步。文化的致幻性也正产生于此:因为迷恋于文化曾有的光芒,而忘记了在现实中应走的路。太多的人对旧有的文化充满景仰,因为正是过去的一切成就了他们的今天。我们始终应该思考的是:今天的一切,是否能够带来更加美好的明天?一切将今天视为历史高峰的人,注定会成为变革的反对者。他们满足于当下,对变革充满担忧。

企业和个人一样根深蒂固地在历史的境遇之中存在,需要不断以行动来改造自己，而企业所奉行的规则和习惯乃至价值观和信念都需要因为时代的变迁而加以改变——不要让僵化的教条阻碍自己的行动！让自己永远在自由的选择中前行，而不是放弃选择的自由。一家企业或者一个人如果渴望成长，自由选择永远是应该保有的第一原则，这也正是企业持续创新的思想之源。

当然，激进的变革会对原有的文化造成较大的冲击和破坏，这会使那些不能适应的人变得焦虑，甚至充满愤怒。理想的文化变革应该是一种春风化雨的运动，关切一切相关者，惠及更多的人。但迄今为止，文化变革始终是一个"黑箱"，人们难以清楚地知道文化变革究竟会带来什么。而伟大的企业家在不确定中充满勇气，风险既预示着挑战，也预示着机会。

一、文化重塑的时机

"他山之石，可以攻玉。"文化既需要继承传统中的精华，又需要有开放包容的胸怀。

企业是依循顾客而生的。所以，当顾客的需求改变时，企业也必须因时因势而变。这是企业的宿命，除非企业始终能够以旧文化永久地留住或干脆改变企业的顾客。

如果销售业绩下降，企业就需要改组市场部门；如果经营成本过高，则需要确立新的预算程序；如果宏观经营环境恶化或者用工成本太高，则可以将企业转移到其他地区。应对这些变化，对企业来说已是家常便饭。企业在不确定之中生存，而寻求确定性却是企业追求的目标。

但如果我们不能从文化的角度去看待这些变革，这可能会给企业带来灭顶之灾，导致整个重塑的失败。

变革意味着工作环境的改变，意味着要让员工摆脱依赖，因而会让员工感到困惑、担忧甚至愤怒，从而抵制变革。

变革也必然会伤害既有的文化传统，甚至伤害到核心价值观和原有的使命与目标。因此，在旧文化向新文化转变的过程中，使支持旧文化的力量转为支持新文化,这可能是文化变革成功与否的关键。

由结构和职能调整带来的人事和文化的变革,其影响是极为深远的。这意味着,企业必须要花一定的时间、资金和精力来适应这些方面的调整。文化变革则是其中比较困难的一部分,也容易被忽视,因为文化的养成并不会一蹴而就。

为了生存与发展,企业高层管理者应该迎接挑战,把重塑企业文化作为其重要使命。一般而言,当企业面临如下情形时,变革就是必须进行的。企业文化变革的时机选择如图12所示。

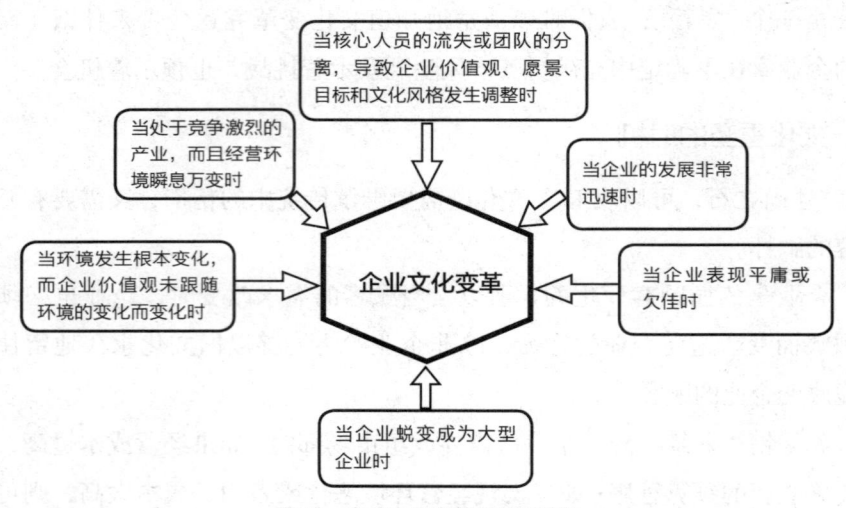

图12 企业文化变革的时机选择

1. 当环境发生根本变化,而企业价值观未跟随环境的变化而变化时

一些企业的价值观标志着它们热衷从事的工作是什么,而其共享的价值观传递着顾客的期待。有些企业原本在某个行业中占据垄断地位,它们的价值观表述是指向整个行业的,但越来越多的竞争对手出现,使企业将业务调整为某个细分领域,企业就不得不使价值观的表述聚焦到更精准的群体中。或者反过来,一家企业针对一个狭小的细分市场,但因为其发展壮大,在产品和业务方面有了极大的拓展,因此就需要将新增的顾客群体的需求纳入价值观。

2. 当处于竞争激烈的产业，而且经营环境瞬息万变时

当企业在为一个快速成长且获利丰厚的市场提供服务时，企业文化本身就是为了适应不断变化的外部环境而设计的。这类企业对变革采取一种开放态度，其文化本身具有反应灵敏和适应性强的特点。例如，像字节跳动这样身处快速变革中的企业，其难以形成形式坚固的文化，就会更关注效率本身，做到以变应变，而不会拘泥于传统。

3. 当核心人员的流失或团队的分离，导致企业价值观、愿景、目标和文化风格发生调整时

核心人员的流失或团队的分离，往往意味着企业战略的调整。战略是文化的重要组成部分。企业因为战略性资源缺失，所以必须进行相应的改变。

如果创始人、具有特殊才干的人或者核心团队离开，这会对企业产生重大影响，从而导致企业的信念、价值观、愿景以及群体行为等发生一系列的调整，文化变革由此发生。

在任何企业中，领导层的变动都可能影响投资者和合作伙伴的信心，可能对企业的稳定性和市场信任产生短期影响。继任者的能力和愿景将在很大程度上决定企业未来的走向，一个有能力、有远见的领导者可能会顺利接管并继续推动企业向前发展。

领导层的变化可能会影响企业文化和管理风格，也可能对员工士气和企业经营产生影响。例如，一家由技术和创新驱动的企业，如果影响企业的研发方向或创新速度的某个灵魂人物离开，这可能会对企业在竞争激烈的专业领域的地位产生长远影响。

4. 当企业的发展非常迅速时

在某些高新技术产业中，一些企业的发展超出了原先的预期，而原先的文化并非建立在如此高速发展的基础上，这会导致企业文化与企业的适应性上存在某些不协调。快速发展的企业，更需要有稳健、能指导其发展的文化。

企业不断取得成功，群体所坚持的信念、价值观和行为模式将会被当成理所当然的准则并被继续坚持下去。这些信念和价值观将会成为群体身份的一部分，并且会被自动地用于教导新人。这时候，企业应该通过变革使弱文化成为强文化。

5. 当企业表现平庸或欠佳时

当企业因为表现平庸，所以业绩不断下滑，在财务上濒临绝境，或者员工本身情绪低沉、精神涣散，失去凝聚力，普遍缺乏斗志时……文化变革将势在必行。

群体成员因为追求共同的目标而聚集在一起，随着活动的开展，群体会获得关于目标是否实现的反馈。如果群体的活动效果并不理想，那么群体必然需要重新回答原始的问题："我是谁？我们在做什么？如何做才会更有效？"这些信念、价值观和行动需要被重新思考。

6. 当企业蜕变成为大型企业时

文化是可以习得、可以共享的，文化的表层元素更多由群体成员间的互动来定义。文化具有稳定的特征，但当新情况出现时，如具有不同信仰、价值观和规范的新成员进入这个群体，为了解决内部和外部所面临的问题，必然会伴随新解决方案的提出而产生文化变革的需要。

组织的战略往往嵌套在组织信奉的理念和文化之中。但当企业蜕变成大型企业时，往往会有更宏大的发展战略，因此，需要一种新的理念和文化与之相适配。

一些企业之所以功败垂成，正因为初步的成功强化了它们固有的价值观念，它们要么不能因时而变，变得故步自封，要么不能客观看待自身，自我神化，深陷虚妄的幻想之中。

强文化会使人们在企业初创时期就朝着大体一致的方向前进，而当企业体量增大时，原有的政策与体系不再能够满足现在的发展需要，原有的企业文化和价值观开始被质疑和受到威胁。为了适应新形势，企业需要重新塑造文化。一些企业在跨过创业风险期以后，需要暂时停下来，认真审视一下自己的文化，以免将文化导入某种虚妄。

二、文化变革的重点

管理者不但要了解文化变革中涉及的具体问题，还应该知道如何重组旧的文化模式。不只需要懂得和掌握工作的某些技巧，还需要洞察问题的本质。

在文化重塑或者文化变革时，第一步通常是与自己最亲近的同事一起探讨文化，在高层管理中形成基于价值观的广泛共识。在高层形成一定的认同之后，需要将其推行到企业的文化网络和工作场所中。

降低文化变革的成本和难度，有如下问题和因素值得注意。

1. 强调一致性，集体凝聚力是人们接受或者拒绝变革的重要因素

在绝大多数的时候，大多数人并不是某些事情的热心支持者，也不是强烈的反对者。一般而言，人们反对变革，仅是因为变革扰乱了他们的生活习惯和秩序。

但是在现实生活中，对一个人产生重大影响的一个因素往往是与他人的关系。也就是说，在任何文化中，很少有人愿意长期独自徘徊于文化之外。因此，自然而然的同侪压力[①]催生了集体的凝聚力，这也是在组织内部发动变革时可以利用的一个因素。

因此，作为新文化的推动者，必须拥有"让一切发生改变"的信念，并让这种改变及时为人们所共知，从而让人们拥有在初春时节看到绿意不断冒出来的那种喜悦。

2. 强调信任，有利于推行变革

彼此信任的关系有利于深入交流，因为当人们不再质疑对方的动机时，对方展示的事实和逻辑更容易被接受。因此，变革过程中的开放和信任直接影响到是否需要变革以及如何进行变革。

---

① 同侪压力又称同辈压力、朋辈压力，指的是同侪施加的一种影响力，它可以鼓励一个人为了遵守团体社会规范而改变其态度、价值观、行为。同侪压力在西方学术上被解释为，因害怕被同伴排挤而放弃自我，做出顺应别人的选择。但现在，这个概念似乎还有另一层意思，也就是还要包括同辈（即与自己年龄、地位、所处环境相似的人）取得的成就所带给自己的心理压力。

基于信任，由组织内部发动的变革通常要比由局外人发动的变革开展得更为顺畅，由那些拥有公信力的人发起的变革比一个人们普遍不信任的人发起的变革更容易取得成功。

3. 重视培训，视变革为提高技能的方式

如果人们接受变革的方案，但缺乏推动变革和执行新方案的技能，这种变革依然会被束之高阁。这种情况在某些缺乏执行力的企业中十分常见，管理者在会议上总是个个慷慨激昂，但在行动上却缺乏责任感，遇事往往退缩推诿。

因此，变革不应只停留于完美的方案阶段，要更多依赖执行。而进行系统性培训和提高自我技能是变革成功的重要条件。

4. 保持耐心与灵活性，给变革留有充裕的时间

在变革中，时间是一个不可替代的要素。试图变革的管理者必须考虑这一点。如果没有特殊情况，变革会以温和有序的方式渐渐展开。

所谓"心急吃不了热豆腐"，对新文化需要有一个认识、适应的过程。即使变革尤为迫切，也需要重视"文火"与"武火"在"烹饪"过程中的差异。

唯有观念的冲突才能凸显更具有价值的观念。如果在新文化推行中发生价值观冲突，那么应该将这种冲突公开化，因为这给解释价值观创造了最好的时机。总体而言，企业应该鼓励创新精神，而不是保守的价值观念；相比鼓励奉献精神，公平公正的价值观更为重要。

5. 让人们采纳新思想，并以此指导自己的工作与生活

一项变革的发端往往是新思想、新观念的产生。而文化变革，往往不只是外在行为的改变，还是认知的改变、价值观念的改变。对于发动变革的管理者而言，首先应该清楚地向人们阐释变革的理念，即指导变革的总体思想是什么，并尽量让更多的人参与进来，让他们有机会去理解这些理念。如果人们从思想观念上接受变革，那么就会顺理成章地接受具体的规范。

6. 象征物和仪式感对文化重塑和文化变革尤为重要

让某种价值观念深入人心，创造象征物和策划事件比空口白牙、苦口婆心的诉说更为有效。所以，文化变革的推动者可以利用某些时机创造某类象征物，或策划一些活动，来加强人们对新价值观念的理解。

三、成功变革的策略和关注点

"提出问题，就是解决了一半问题。"隐藏的问题是最大的问题，不可见的风险是最大的风险。因此，高效的文化环境一定具有开放、透明的特性。

伟大的企业就是要积极地面对问题。如果要把一种反应迟缓、有些官僚的文化转变为主动、积极进取的文化，那么首先就要对变革的群体所关心的问题做出承诺，如人们可能会因为害怕裁员或者收入受损而抵制变革，要对他们所关切的问题给予回应，并让问题明朗化。

有问题才会有方案，而问题越具体，表述越清晰，解决的可能性就越大。

1. 树立变革英雄

文化变革需要英雄人物。英雄人物对变革拥有坚定的信念和克服困难的无畏精神，他以自身的事迹成为人们的榜样。

2. 认识变革中的压力和风险

文化变革并不能保证所有人受益，有些人可能成为变革的牺牲品，包括推进变革的人也可能被新文化所反噬。要让人们清楚认识这种危险。当能够认识到这是一种威胁时，人们才会对变革有所关注。文化变革是为了改变其不适应环境的部分，而不是为了变革而变革；也是为了在变革过程中发现问题，清楚地认识到哪些是必要的，哪些是多余的。如果一项变革会造成多数人的利益受损，或者成本高于收益，那么这显然不是一项合理的变革。

3. 采用全新的仪式

让多数人参与变革。而要做到这一点，最好的方法就是改变仪式。

在变革过程中，重新建立新的价值观和彼此间的相互关系，有益于人们摒弃旧有的观念和行事方式。

采用新的仪式，有助于人们了解、接纳和相信新的秩序。从某种意义上说，仪式的过程本身也是一种文化体现。

4. 在新的价值观和行为模式下进行培训

人们从一种价值观念转为另一种价值观念并非易事。这是一个"洗心革面"的过程，多年的耳濡目染已经形成了他们的深层假设。所以，进行新价值观、新行为、新规范的系统化培训是必需的。

5. 引进外部人士

虽然由内部人士发动的变革更容易成功，但外部人士也扮演着重要的角色。

外部人士没有"组织内的成见"，也不是变革结果的承受者，从而会为企业带来另一种审视的角度。他们能成为客观的代表，平息内部的冲突。

6. 及时将成果立为灯塔

新的变革成果一旦出现，就应该被视为新文化的灯塔。结构化变革需要路标，为整个组织提供明确的方向，灯塔可以帮助其他人找到属于自己的道路。

四、管理者与企业文化的适应性

在埃德加·沙因所言的企业文化的三个层次中，人工饰物指的是可以观察到的管理制度和工作流程（可以观察到），价值观念指的是企业的发展战略、目标和经营哲学（正当性原则），深层假设指的是意识不到但深入人心的信念、知觉、思维和感觉（价值观念和行为表现的根源）。

要想真正理解企业文化的内涵，除了观察外在的行为方式，管理者还必须与企业内部的人进行深入交谈，并请他们解答自己在企业内部的所见所感方面的困惑，了解他们理解的企业价值观。

如果新的管理者从企业内部晋升而来，他对自己接下来可以在企业文化事务方面做些什么就会有所了解。但是如果新的领导者来自企业外部，那么他将不得不在下面几个选项之间做出自己的选择。

1. 摒弃现有企业文化的核心载体。两三个高层管理者采取强制方式对其他员工施加新的行为准则，进而试图贯彻他们自己的信仰、价值观和理念，以此来废除现有的企业文化。该选项的风险在于，可能会造成企业现有的关键知识、技能和经验流失，同时削弱企业的整体业绩。

2. 努力向企业的现有员工灌输他自己的信仰、价值观和理念，以此来与现有的企业文化进行竞争。该选项的风险在于，大家可能只是在表面上适应新领导者的新做法。在这种情况下，如果新的领导者缺乏非凡的魅力，那么最终赢的往往都是企业原有的旧文化。

3. 放弃自己的信仰、价值观和理念，向现有的企业文化妥协和让步。这一选项的风险在于，企业原有文化的所有成分都会被保留下来，而事实上，其中有些内容可能已经处于过时或无效状态，确实需要加以改变。

4. 充分适应现有的企业文化，厘清具体思路，然后依托于新的信仰、价值观和理念，逐步导入新的规则和行为方式，以此对企业的现有文化进行改造。从提升有效性方面考虑，这种做法对很多领导者和企业来说是一个理想的选项。

附：重获工作场所的活力——大陆航空公司文化变革的启示

一家企业的文化优秀或正确与否，取决于企业依托自身所坚持的那些最基本的经营理念所制定的发展战略，能够在多大程度上帮助该企业有效应对其所处发展环境的变化。

特伦斯·迪尔在其《新企业文化：重获工作场所的活力》一书中，为我们讲述了大陆航空公司如何通过重塑文化挽救自身的例子。这个例子对企业管理者而言极具启示性，值得与大家分享。

1994年，大陆航空公司名列全美最差的10家航空公司名单，准点率是最低的，行李运送错误率创最差纪录，乘客抱怨比行业平均水平高出3倍，股价跌至最低点，公司毫无士气，员工离职率和病假率也很高，公司处于崩溃边缘。

戈登·贝休恩作为大陆航空公司新任首席执行官入职以后，他觉得要使大陆航空公司发生根本性扭转，就必须聚焦企业文化。由此，他采取了一系列的文化行动。

1. 显示高层变革的决心

首先，他认识到，公司如果想获得新生，那么公司的高层必须拥有真正的变革动机和决心。他需要向人们证实自己的决心，让人们看到改变现状并不是一种应付。

2. 变革需要考虑反对者

同时，他也知道，任何文化变革都会产生反对者。有些人总是倾向于维持现状。而他需要向反对者指出阻碍变革或破坏变革的代价，以此来强化人们对变革的认知。

3. 变革需要戏剧性事件

他知道自己需要发出一种信号，让所有人明白事情将会变得不同。他制造了一些戏剧性事件，让人们耳目一新，并为之一振。

他改变了过去的首席执行官将自己的办公室当作封闭式堡垒的做派，他让员工走进自己的办公室，邀请员工参加他的家庭聚会。

以前，公司用令人讨厌的说明书以详尽的方式规定员工在每一种情况下应该怎么做。他却和员工一起带着一堆一堆的员工手册前往公司的停车场，然后将这些员工手册付之一炬。这一生动的姿态，表明未来的公司员工将被要求用他们自己的判断指导自己的行为，而不是盲目遵循这些规则。

他还命令所有的飞机要在规定的时间内完成重新喷漆。这也是一个强烈的信号。当执行这个任务的员工说不可能在短时间内给所有的飞机重新喷漆时，他非常清楚地表明自己的期望。他告诉员工，完成任务是可能的，还以开玩笑的口吻说："因为我家里有一把15发子弹的枪。如果你们在 7 月 1 日前完成不了任务,我会来这里打光我的子弹。你们是优秀的员工,我非常爱你们。但你们必须对这些飞机进行重新喷漆,否则我会干掉你们中拖拖拉拉的人。"

4. 文化变革需要清晰的蓝图

贝休恩知道,不能要求员工去改变,而不告诉他们如何改变。他制订了自己的"前进计划",其中包括营销计划、金融计划、生产计划以及人员计划,贝休恩文化变革蓝图如表 10 所示。

表10　贝休恩文化变革蓝图

贝休恩的"前进计划"	计划的关键内容
营销计划——"飞向胜利"	概括了几个简单的前提:停止做那些亏损的事情;向人们想去的地方飞行;发现乘客到底想要什么,并提供这些服务;经营一种有竞争力的业务
金融计划——"投资未来"	设定了财务的优先事项:停止现金流的损失;制定新的制度,使大家了解公司的钱去了哪里;从债权人那里争取一些优惠;不是制定最低标准,而是制定唯一标准
生产计划——"使可靠成为一种现实"	打造一家拥有顶级质量的航空公司:准点到达;不丢失乘客行李;提供干净、安全和可靠的服务;共同工作以实现它
人员计划——"共同工作"	关注与尊重员工:竭尽全力让员工各司其职;创造一种团队工作的氛围;适时给予员工奖励

用贝休恩的话说:"一块手表的每一个零件都有价值。"贝休恩的文化变革蓝图的四个方面相互影响,将乘客、股东及员工等所有的利益共同体融入这个"前进计划",创造了一个通向成功的机会,并使之成为进行关键决策时遵循的一种准则。

5. 设置正确做事的标准

计划贵在执行,而对执行的结果需要有衡量的标准,要对进步做出奖励。这种奖励针对的是团队,而不是个人。大陆航空公司告知它的员工:"只要准点到达目的地,每个员工就可以获得 65 美元的奖励。如果不能准点到达,则所有人都不会获得奖励。"贝休恩坚持的是"要么都得到奖励,要么都得不到"。在前 3 个月里,大陆航空公司的员工通力合作,每个月每个人都可以得到 65 美元的奖励。因此,公司的准点率得到大大提升。

6. 建立并巩固变革的礼仪与仪式

贝休恩在自己主持的每一次会议上，都会改变自己在会议室的位置。他以此表达的信息是：变化无处不在。会议也总是准时开始，准时结束。他以此传达：准点是我们重要的价值观之一。贝休恩还邀请了100名经常乘坐飞机的乘客带上自己的家人到自己家里。他向他们检讨之前公司的错误，并致以歉意，同时让他们相信：坚持和大陆航空公司在一起，你们将会看到一些令人欣喜的变化。

7. 通过故事来表达价值观

贝休恩知道，通过自己的行为创造一些支持价值观的好故事很有效，也很重要。在他和斯科特·修勒合著的《从最差到第一：大陆航空公司东山再起》一书中记录了这样一个故事：在一次从华盛顿到休斯敦的飞行中，贝休恩像往常一样在最后一分钟登机，并且准备像往常一样进驾驶舱跟机组人员打个招呼、聊上几句。这时，飞机舱口的管理员要求他立即坐下，因为飞机马上就要起飞了。其他乘务员提醒对方说他是贝休恩先生，而飞机舱口的管理员却说："那很好，但我们必须得起飞了。告诉他，让他坐下。"贝休恩很高兴地坐下了，因为他认为这就是大陆航空公司如何做到航班准时、变得更优秀的原因。通过这样的故事，贝休恩传递了大陆航空公司一个独特的价值观：让员工在碰到麻烦时，在自己的权限内处理问题。无论是公司的首席执行官还是美国的总统，都是不应该干扰他的工作的。

大陆航空公司的转型就是通过文化革新来实现的。建设一种新文化或唤醒处于休眠中的企业文化，可以成为一种改变公司局面的战略性方法。大陆航空公司通过这一番文化变革，使各项指标都得以大幅提升，彻底地扭转了局面。

致　谢

　　本书的写作是在拓展阅读和思考的过程中完成的。在写作过程中，有一个声音一直在我耳边低语：一个尊重自我的作者不应该鹦鹉学舌，再去讲那些别人唠叨过的话题，除非他有新的补充或更新的观念。然而海纳百川，方有涌现。在阅读了诸多关于企业文化和管理的相关书籍之后，随着思考的深入，我确实拥有了一些新东西，需要将这些新东西呈现给这个喧嚣的文字市场。

　　在遵循萨曼·拉什迪那句名言——作家应该言说别人所不能言——的指导的同时，一个声音也在我的耳边小声说：要写就写一本好书，一本不会速朽的书。

　　然而，什么是好书呢？在出版业空前繁荣的今天，在简体中文世界，每年都有数十万种新书问世。这些书在那些敝帚自珍的作者眼中都是好书，谁不说自家孩子好呢？可问题是，书好不好并不由作者自己的感受来衡量。同时，现在许多书都被精美地装帧并冠以炫目的标签，令人感觉每一本书都在开创一个新世界。然而，读者在购买并阅读之后，往往会发觉自己上当了。

　　图书出版业这个斯文行业的"骗局"并不比其他行业少，甚至更多。一个坏处就是：读者再也不能像过去那样遵照名家和权威的指引采取阅读行动了。就看如今各种书籍研讨会上的那些专家的发言就好。那些发言和推荐语千篇一律。所有的研讨会都变成了"吹捧会"（虽然每位专家都试图动用专业能力让吹捧显得更别致一些，以吹出新花样而自鸣得意）。究竟为什么会这样呢？

　　好书之少与专家之多，是这个时代所呈现出的一个文化现象。这创造了某种繁荣，也造成了某种困境。就像菜肴太多，反而败坏了食客的胃口。如今，检验图书好坏指标的似乎只有一个，那就是市场。

　　在市场中，图书被分为两种类型：卖得动的与卖不动的。人人都知道销量并不是衡量图书品质的标准，但在崇拜流量的当下（面对公众潮水般的情绪起伏，"情绪价值"成为营销的法宝），销量少的图书只能算是失败的产品。失败无关品质，谁不可以失败呢？

　　图书的品质关系着读者为何而读。读者阅读一本书是为了获得新知、启发自我，在阅读中获得愉悦感，抑或仅把阅读当成一种装扮，以显示"高雅"。这三种"消费需求"显然都是存在的。犹如我们在本书中所探讨过的问题一样，企业需要从顾客需求角度定义自身，图书当然也需要指向读者的需求。

　　在进行价值判断之前，我们需要坚持一个事实判断。有一个事实是不容否定的：本书突破了对"组织文化"议题的那种片面、僵化的认知，加深了我们对文化内涵的思考。例如，在过去所有的相关书籍中，人们一直将价值观视为企业的文化经营的核心，却集体性地忽视了价值观的正当性问题。殊不知，希特勒当年坚持纳粹主义时，也有着自己的价值观呢！

　　在我看来，本书最大的成功就在于将文化放在历史进程和哲学背景下，融入先进的思想理论，并结合现实加以重新思考。本书聚焦组织文化中人的能动性，从问题到方案，再从文化回到人，形成良性互动的关系。与那些仅在埃德加·沙因所构建的组织文化的理论框架下谈论组织文化的书不同，本书并不试图奉某位大神的观点为圭臬，执拗于某一理论，一根筋地拿它包打天下，而是博采众长，将组织文化的议题带入更广阔的地带，全景观地呈现，更深入地进行本源性的思考。本书将时代的问题融入时代的叙事，以期与读者一起愉快地观察、思考、扮高雅。

　　我们是潮流的同行者，我们并不叛逆地展现真实的自我。在此，首先

致　谢

向提供写作主题建议的放下先生表示感谢。如果不是他的提议，我可能就不会想到写这个"应该写一写"的主题。而他所提供的方向确实极有价值。在完成初稿之后，感谢浙江大学出版社责编老师在书写风格方面的建议，她希望本书能与读者互见相悦，不要陷入严肃专业的泥沼中。这让我少了些"教授的口吻"，让严肃的主题尽量变得不那么严肃。这种建议是如此重要。没有读者，作家的价值将归零；就像没有顾客需求，企业的价值也会归零一样。在此，也感谢有着多年图书策划经验的奏鸣文化的策编老师的加持，他加强了本书的逻辑性，并为本书带来了市场的视角，他的建议因经验丰富和现实性强而具有强大的说服力。另外，本书是由众多的观念、理论和案例连缀而成的，有着诸多参照与引用，在此特向所有被纳入本书的内容来源者表示感谢。

当然，最需要感谢的，还有那些仅能在本书面世以后才能与本书相见的读者。他们的阅读是本书写作最初的目标，也是检验本书品质的最后尺度。

祈愿这本书在进入市场以后，能够拥有该有的影响力，并冲着广阔美好的前程而去！

参考文献

[1] 阿尔君·阿帕杜莱. 消散的现代性：全球化的文化维度 [M]. 刘冉，译. 上海：上海三联书店，2012.

[2] 埃德加·沙因，彼得·沙因. 沙因文化变革领导力 [M]. 徐烨华，译. 天津：天津科学技术出版社，2021.

[3] 埃德加·沙因，彼得·沙因. 组织文化与领导力（第五版）[M]. 陈劲，贾筱，译. 北京：中国人民大学出版社，2020.

[4] 埃德加·沙因. 企业文化生存与变革指南 [M]. 马红宇，唐汉瑛，译. 杭州：浙江人民出版社，2017.

[5] 埃弗雷特·M. 罗杰斯. 创新的扩散 [M]. 辛欣，译. 北京：中央编译出版社，2002.

[6] 彼得·德鲁克，约瑟夫·A. 马恰列洛. 卓有成效管理者的实践（纪念版）[M]. 宋强，译. 北京：机械工业出版社，2020.

[7] 彼得·德鲁克. 德鲁克管理思想精要 [M]. 李维安，王世权，刘金岩，译. 北京：机械工业出版社，2018.

[8] 彼得·德鲁克. 卓有成效的管理者 [M]. 许是祥，译. 北京：机械工业出版社，2019.

[9] 陈春花. 企业文化塑造 [M]. 北京：机械工业出版社，2022.

[10] 丹尼尔·施普尔伯. 经济学的著名寓言：市场失灵的神话 [M]. 罗君丽，等，译. 桂林：广西师范大学出版社，2022.

[11] 道格拉斯·霍尔特，道格拉斯·卡梅隆. 文化战略：以创新的意识形态构建独特的文化品牌 [M]. 汪凯，译. 北京：商务印书馆，2013.

[12] 黄卫伟. 以奋斗者为本：华为公司人力资源管理纲要 [M]. 北京：中信出版社，2014.

[13] 吉姆·柯林斯，杰里·波勒斯. 基业长青：企业永续经营的准则 [M]. 真如，译. 北京：中信出版社，2019.

[14] 谏之. 敢为极致：字节跳动的狂飙逻辑 [M]. 杭州：浙江大学出版社，2023.

[15] 杰克迪希·帕瑞克. 管理者的自我管理 [M]. 许思悦，冯征，译. 上海：上海人民出版

社，2004.

[16] 库尔特·卢因. 个性动力论 [M]. 何道宽，译. 北京：中国传媒大学出版社，2016.

[17] 库尔特·卢因. 社会科学中的场论 [M]. 北京：中国传媒大学出版社，2016.

[18] 刘杨. 觉醒胖东来 [M]. 北京：中国广播影视出版社，2023.

[19] 罗纳德·H. 科斯. 企业、市场与法律 [M]. 盛洪，陈郁，译. 上海：格致出版社，2014.

[20] 迈克尔·桑德尔. 公正：何谓正当之为？[M]. 朱慧玲，译. 北京：中信出版社，2022.

[21] 米尔顿·弗里德曼，罗丝·弗里德曼. 自由选择 [M]. 张琦，译. 北京：机械工业出版社，2022.

[22] 乔治·埃尔顿·梅奥. 工业文明的社会问题 [M]. 时勘，译. 北京：机械工业出版社，2016.

[23] 切斯特·巴纳德. 组织与管理 [M]. 詹正茂，译. 北京：机械工业出版社，2016.

[24] 让·鲍德里亚. 消费社会 [M]. 刘成富，全志钢，译. 南京：南京大学出版社，2014.

[25] 让－弗朗索瓦·利奥塔. 异识 [M]. 周慧，译. 上海：上海文艺出版社，2022.

[26] 让－弗朗索瓦·利奥塔尔. 后现代状态：关于知识的报告 [M]. 车槿山，译. 南京：南京大学出版社，2011.

[27] 特伦斯·迪尔，艾伦·肯尼迪. 新企业文化：重获工作场所的活力 [M]. 李原，黄小勇，孙健敏，译. 北京：中国人民大学出版社，2021.

[28] 田大安. 剧本游戏：角色、故事、交互性及沉浸体验 [M]. 杭州：浙江大学出版社，2023.

[29] 王建和，王中伟. 阿里巴巴基本动作：管理者必须修炼的 24 个基本动作 [M]. 北京：中信出版社，2020.

[30] 王旭东，孙科柳. 企业文化落地：路径、方法与标杆实践 [M]. 北京：电子工业出版社，2020.

[31] 野中郁次郎，绀野登. 创造知识的方法论 [M]. 马奈，译. 北京：人民邮电出版社，2019.

[32] 伊曼努尔·康德. 道德形而上学基础 [M]. 孙少伟，译. 北京：中国社会科学出版社，2009.

[33] 伊曼努尔·康德. 康德说道德与人性 [M]. 高适，编译. 武汉：华中科技大学出版社，2012.

[34] 约翰·罗尔斯. 正义论（修订版）[M]. 何怀宏，何包钢，廖申白，译. 北京：中国社会科学出版社，2009.

[35] 赵雷，林姝宏. 德胜治理的人和事 [M]. 北京：首都经济贸易大学出版社，2023.